Disfrute gratuitamente **DURANTE UN AÑO** de los eBook y audiolibros de las obras de Editorial Colex*

- ⊘ Acceda a la página web de la editorial **www.colex.es**

- ⊘ Identifíquese con su usuario y contraseña. En caso de no disponer de una cuenta regístrese.

- ⊘ Acceda en el menú de usuario a la pestaña «Mis códigos» e introduzca el que aparece a continuación:

RASCAR PARA VISUALIZAR EL CÓDIGO

Análisis de la incidencia de la Ley Orgánica 1/2025

AF275047

- ⊘ Una vez se valide el código, aparecerá una ventana de confirmación y su eBook y audiolibro estará disponible **durante 1 año desde su activación** en la pestaña «Mis libros» en el menú de usuario.

---

* Los audiolibros están disponibles en las ediciones más recientes de nuestras obras. Se excluyen expresamente las colecciones «Códigos comentados», «Biblioteca digital» y los productos de www.vademecumlegal.es.

No se admitirá la devolución si el código promocional ha sido manipulado y/o utilizado.

¡Gracias por confiar en nosotros!

La obra que acaba de adquirir incluye de forma gratuita la versión electrónica.

Acceda a nuestra página web para aprovechar todas las funcionalidades de las que dispone en nuestro lector.

Funcionalidades eBook

Acceso desde cualquier dispositivo con conexión a internet

Idéntica visualización a la edición de papel

Navegación intuitiva

Tamaño del texto adaptable

Síguenos en:

ANÁLISIS DE LA INCIDENCIA DE LA LEY ORGÁNICA 1/2025

En materia de eficiencia, en los sistemas alternativos y complementarios de solución de conflictos jurisdiccionales

This work was partially funded by Departamento de Educación, Ciencia y Universidades, from the Gobierno de Aragón (Spain) (Research Group S07_23R, ECONOMIUS-J)

ANÁLISIS DE LA INCIDENCIA DE LA LEY ORGÁNICA 1/2025

En materia de eficiencia, en los sistemas alternativos y complementarios de solución de conflictos jurisdiccionales

Ivana María Larrosa Ibáñez

Profesora de Derecho y Criminología
Universidad de San Jorge de Zaragoza
imlarrosa@usj.es

COLEX 2025

© Ivana María Larrosa Ibáñez

© Editorial Colex, S.L.
Calle Costa Rica, número 5, 3.º B (local comercial)
A Coruña, C.P. 15004
info@colex.es
www.colex.es

I.S.B.N.: 979-13-7011-508-1
Depósito legal: C 2077-2025
DOI: https://doi.org/10.69592/979-13-7011-508-1

A mis hijos Angel e Iván y
a mi marido Jesús

SUMARIO

2

LA JUSTICIA RESTAURATIVA Y SU APLICACIÓN EN EL PROCESO PENAL

3
CONCLUSIONES

4
BIBLIOGRAFÍA

5
FUENTES NORMATIVAS

6
ANEXO JURISPRUDENCIAL

Resumen: La Ley Orgánica 1/2025, de 2 de enero, en materia de eficiencia del Servicio Público de Justicia), establece en su Título II, la introducción de otros medios adecuados de solución de controversias en vía no jurisdiccional, al objeto de conseguir una notable reducción de la carga de trabajo de los órganos judiciales, debido al notable y exponencial aumento de la litigiosidad en el ámbito de la Administración de Justicia. Son los llamados MASC o también conocidos como ADR *(Alternative Dispute Resolutions)* en Derecho Anglosajón.

El espíritu de la ley es otorgar de esta forma a la sociedad civil un mayor espacio de participación en la justicia dentro de la llamada justicia deliberativa y consensual, evitando de esta forma el clima de tensión, desazón y crispación que invade en algunos de los casos la justicia contenciosa. Por ello se fomenta la inclusión de nuevas formas negociadoras y colaborativas que han venido implantándose con éxito en el derecho comparado.

La ley habla de las virtudes de la mediación en asuntos civiles y mercantiles introducida en nuestro ordenamiento jurídico español por la Ley 5/2012 de 6 de julio, como instrumento para la solución de conflictos en al ámbito del Derecho Privado. Sin embargo, su implementación práctica ha sido escasa en la actualidad. Se necesita un cambio de cultura por y para la mediación en la sociedad española.

De este modo a lo largo de este trabajo de investigación se analizará no sólo la eficacia de la ley en los MACS, y el pretendido cambio cultural pro-mediación y derecho reparador, en el ámbito del derecho penal. Sino también las dificultades que en su implementación y desde su entrada en vigor se han puesto de manifiesto en su aplicación práctica.

ABREVIATURAS

BOE	Boletín Oficial del Estado.
BOA	Boletín Oficial de Aragón.
BOCG	Boletín Oficial de las Cortes Generales
CC	Código Civil
CDN	Convención sobre los Derechos del Niño.
CDFA	Decreto Legislativo 1/2011, de 22 de marzo, del Gobierno de Aragón, por el que se aprueba el Código de Derecho Foral de Aragón.
CEDAW	Convención sobre la eliminación de todas las formas de discriminación contra la mujer.
CEDH	Convenio Europeo de Derechos Humanos responsabilidad parental y de medidas de protección de los niños, hecho en la Haya el 19 de octubre de 1996.
CGPJ	Consejo General del Poder Judicial.
CdE	Consejo de Europa
CDN	Convención de las Naciones Unidas sobre los derechos del niño
CEDH	Convenio Europeo de Derechos Humanos
CVE	El Convenio del Consejo de Estado sobre prevención y lucha contra la violencia contra las mujeres y la violencia doméstica, Convenio de Estambul de 11 de mayo de 2011.
CP	Ley Orgánica 10/1995, de 23 de noviembre, del Código Penal.
EV	Ley 4/2015, de 27 de abril, del Estatuto de la Víctima del Delito.
LEVD	Ley 4/2015, de 27 de abril del Estatuto de la Víctima del Delito.
UE	Unión Europea.
LEC	Ley 1/2000 de 7 de enero, de Enjuiciamiento Civil.
LOMESPJ	La Ley Orgánica 1/2025, de 2 de enero, de medidas en materia de eficiencia del Servicio Público de Justicia,

LJV	Ley 15/2015, de 2 de julio, de la Jurisdicción Voluntaria.
LOPJ	Ley 6/1985 del Poder Judicial, de 1 de julio.
LOPIA	LO 8/2015, de 22 de julio, de Modificación del Sistema de Protección a la infancia y a la adolescencia.
LOVG	Ley Orgánica1/2004, de 28 de diciembre, de Medidas de Protección Integral contra la Violencia de Género.
ONU	La Organización de las Naciones Unidas
RIJH	Red judicial de Jueces de la Haya.
TEDH	Tribunal Europeo de Derechos Humanos
TJUE	Tribunal de Justicia de la Unión Europea.
UE	Unión Europea.
VG	Violencia de Género.
VD	Violencia Doméstica.

INTRODUCCIÓN

La Ley Orgánica 1/2025, de 2 de enero, de medidas en materia de eficiencia del Servicio Público de Justicia, (en adelante LOMESPJ), establece en su Título II, la introducción de los medios de solución alternativos de solución de controversias en vía no jurisdiccional, al objeto de conseguir una notable reducción de la carga de trabajo de los órganos judiciales.

Considera que si bien la potestad jurisdiccional de juzgar y ejecutar lo juzgado corresponde con carácter exclusivo a los jueces y tribunales[1], sin embargo, no es la única vía de solución. Reconoce que la sociedad democrática, avanzada y actual, debe promover un diálogo social y la búsqueda de medios alternativos de solución de controversias, en los que intervengan los sujetos afectados, con un importante papel de terceras personas expertas, neutrales que pudieran participar en el proceso de solución, junto a otros profesionales del derecho, mediadores y facilitadores de la justicia restaurativa. Todas ellas deben promover el diálogo, la negociación y el consenso, para la conclusión del conflicto fuera de la vía litigiosa, en aras de la paz social y la satisfacción de las propias partes directamente afec-

---

1   La Constitución Española de 1978, reconoce en su art. 117.3 la potestad jurisdiccional a jueces y magistrados integrantes del poder judicial, garantes de los derechos fundamentales.

tadas. Superando concepciones propias de estados excesivamente intervencionistas y paternalistas, que intentaban inicialmente ofrecer las mayores garantías y protección al justiciable, consiguiendo la judicialización excesiva del sistema y por ende una saturación de la administración de justicia.

La ley promueve en su título II la práctica de un derecho colaborativo en el que puedan participar como equipo tanto los profesionales del derecho, sus representados y terceras personas neutrales y expertas en la materia, para la consecución de una solución, cuando la vía jurisdiccional no haya alcanzado sus frutos. Para ello, potencia la labor negociadora propia de los abogados mediante su remuneración, lo que no es baladí, tanto para el profesional del derecho que verá retribuida su participación extrajudicial en el proceso, —como no podía ser de otro modo—. Promoviendo en consecuencia su participación e intervención en estas prácticas colaborativas, para la consecución de un acuerdo extrajudicial y de ese modo evitar el incremento exponencial, de la litigiosidad judicial en aquellos asuntos en los que se fomentaba más si cabe, su judicialización. Como para el ciudadano que tendrá que pagar los honorarios de aquellos, lo que en algunos casos podría plantear la duda sobre la oportunidad o no de acudir en todo caso a la vía judicial para obtener la tutela judicial efectiva, mediante la intervención del juez.

Con la Directiva 2008/52/CE del Parlamento Europeo y del Consejo, y la Ley 5/2012, de 6 de julio, de mediación en asuntos civiles y mercantiles y de carácter transfronterizo, que la traspuso a nuestro ordenamiento jurídico español, se incorporó la mediación civil y mercantil a nuestro sistema, como medio eficaz y de autocomposición para la resolución de controversias subjetivas de naturaleza privada, y de carácter dispositivo.

No obstante, a fecha de hoy después de más de diez años de su entrada en vigor, su aplicación práctica ha sido muy escasa. De este modo, de acuerdo con los datos estadísticos elaborados por el Consejo General del Poder Judicial[2], el número de asuntos judiciales en España va *«in crescendo»* de forma alarmante. Durante el primer trimestre del 2025, la litigiosidad ha aumentado en España en un 15,6 %, de los cuales un 31,5 % corresponden a asuntos civiles. En el año 2024 el incremento fue de un 20,8 %, de los cuales, un 37,8 % fueron igualmente asuntos civiles[3]. Sin embargo el número de asuntos derivados a mediación intrajudicial en el año 2024, de acuerdo con los informes estadísticos del servicio de mediación suministrados por el CGPJ, como se expondrá a lo largo de este trabajo de investigación, alcanzaron un total de 3.623 casos, lo que si atendemos al número de asuntos que posiblemente terminarán por tramitarse según cifras del CGPJ para el presente año 2025, no supondrá ni el 0,09 % del volumen total de los asuntos civiles, incoados ante los juzgados y tribunales españoles.

Con la nueva ley de eficiencia se pretende acudir a los MASC para la resolución de este tipo de conflictos, ya que la vía judicial se encuentra actualmente desbordada, sin poder dar, en muchos casos, una solución al justiciable en tiempo razonable, que en definitiva constituye e integra el derecho fundamental a la tutela judi-

---

2   Los datos estadísticos del 2024 y 2025 sobre el número de asuntos que se tramitan en los juzgados y tribunales españoles han sido obtenidos de la página del CGPJ, que anualmente elabora el poder judicial. Disponible en www.poderjudicial.es (último acceso 15 de octubre de 2025).

3   Los datos estadísticos sobre mediación intrajudicial del 2024 se han obtenido de la página del CGPJ, sobre estadística judicial. Disponible igualmente en www.poderjudicial.es

cial efectiva, consistente en el derecho a un proceso público sin dilaciones indebidas y con todas las garantías extensible a todo ciudadano[4].

La Ley excluye expresamente de su ámbito de aplicación al regular los MASC en su título II, la vía penal, concursal y laboral[5], al contar con medios adecuados y adaptados a la naturaleza especial de este tipo de controversias.

Sin embargo y en relación con el proceso penal, la Disposición Adicional Novena de la Ley de Enjuiciamiento Criminal (en adelante Disposición Adicional Novena de LECRIM), regula la utilización de la Justicia Restaurativa, como medio para la reparación moral y material, a la que pueden acudir las víctimas, de los perjuicios ocasionados por el victimario. La LOLMESPJ en perfecta sincronía con el Estatuto de la Víctima y la LO 1/2004 en materia de violencia de género, excluye en materia de violencia de género y violencia sexual cuando la víctima sea una mujer, cualquier tipo o medio de solución de controversias, eliminando de esta forma cualquier posibilidad de acudir a la Justicia Restaurativa, siendo discutido, por algunos sectores. A lo largo de este libro, se desarrollará especialmente cuales son los fundamentos jurídicos de la justicia restaurativa, sus bene-

---

4   El Tribunal Constitucional ha establecido una consolida jurisprudencia sobre la vulneración del derecho a un proceso sin dilaciones indebidas, aunque se debiese a causas estructurales, como pudieran ser una sobrecarga del juzgado. En este sentido destacar la STC, (Sección 1.ª) de 4 de noviembre de 2024, rec.2833/2023 (ECLI:ES:TC:2024:135), que se desarrolla en el Anexo jurisprudencial.

5   La ley reguladora de la Jurisdicción Social regula la mediación y la conciliación como un requisito previo, para la interposición de la demanda en vía judicial.

ficios, especialmente al evitar en las víctimas una victimización secundaria y su aplicación actual al proceso penal español. Por último, se desarrollarán cuáles son las novedades procesales, que en materia de conformidades intrajudiciales se han introducido en la ley como medida de agilización en la tramitación de los procedimientos judiciales, eliminando especialmente el límite penológico de los seis años[6]. Especialmente se analizará algunas de las sentencias más relevantes y conocidas a nivel social, en el que se ha alcanzado una conformidad entre las partes, con la consiguiente reducción de la pena y la conclusión del complejo y largo proceso penal.

---

6   La conformidad pone fin al proceso, basándose en razones de economía procesal. Se encuentra regulada expresamente en el art. 787 de la LECRIM, para el procedimiento abreviado.

1

LOS MASC TRAS LA LEY ORGÁNICA 1/2025, DE 2 ENERO, DE MEDIDAS EN MATERIA DE EFICIENCIA DEL SERVICIO PÚBLICO DE JUSTICIA

I. ¿Qué entendemos por MASC?

1.1. Concepto y ámbito de aplicación y autonomía de la voluntad

Por MASC o medios adecuados de solución de controversias en vía no jurisdiccional de acuerdo con lo dispuesto en la LOMESPJ se entiende, aquellos procesos en los que se desarrolla una actividad negociadora, conciliadora, de mediación, reconocida en esta u otras leyes, y en los que las partes acuden de buena fe, con el objeto de encontrar una solución extrajudicial, ya sea por sí mismos o con la intervención de terceros imparciales[7].

---

7   La definición del acrónimo MASC, está prevista en el art. 2 de la LOMESPJ

Los MASC, se equiparan a lo que en el Derecho anglosajón se conoce como ADR (en inglés, *Alternative Dispute Resolutions*, Métodos Alternos de Solución de Conflictos)[8], de gran tradición en estos países y que tuvieron su inicio en Estados Unidos durante los años 70, promoviéndose con ellos los métodos de diversificación de resolución de conflictos vinculados con los tribunales judiciales[9].

El aumento de la litigiosidad[10], el coste tan elevado que supone acudir al sistema judicial, con la consiguiente demora en la solución de los conflictos judiciales, ha puesto en peligro el derecho a la tutela judicial efectiva del justiciable y ha llevado al ciudadano a la

---

8　En este sentido CAPPELLETTI (1993), hablaba de las virtudes de los ADR, como movimiento moderno de revisión de las leyes.

9　Se puede considerar como momento oficial en el que nació el movimiento conocido como *ADR,* cuando el profesor SANDER, en el año 1976, dio un discurso en la conferencia nacional sobre las causas de la insatisfacción popular con la Administración de Justicia, organizada por el Juez de la Corte Suprema de aquella época, Warren Burger. En el famoso discurso se hablaba de un imaginativo sistema judicial que funcionaba como un guardián de diagnóstico, en que las partes podían dirigirse al proceso de resolución de conflictos, a través del sistema alternativo de la mediación, negociación arbitraje, conciliación o alguna combinación de los mismos, que mejor se adapte a sus propias disputas. Ver la referencia que a ello hace MENKEL MEADOW, C., in «A Brief History of the Fou of Dispute Resolution» 2005, p.17.

10　Véase al respecto los datos suministrados por el CGPJ sobre la evolución de la litigiosidad en España, en el que se hace constar que durante el año 2019 ingresaron, en todas las jurisdicciones, un total de asuntos de 6.279.302, frente a los 5.526.754 del año 2020 (año de la pandemia); 6.273.586 durante el año 2021; 6.683.341 durante el año 2022; 6.999.477 durante el año 2023; y 7.799.166 en el año 2024. Una tendencia alcista en todos los sentidos.

búsqueda de sistemas alternativos y complementarios al tradicional sistema judicial.

Estos procedimientos extrajurisdiccionales se fundamentan principalmente en el principio de autonomía de la voluntad para acordar y resolver a través de estas formas alternativas de solución extrajurisdiccional, los conflictos existentes entre las partes en discordia, acudiendo en algunos de los casos a un tercero imparcial, pero también en motivos de economía[11].

En todo caso y como requisito esencial se exige que no sean materias excluidas de los MASC[12]. Quedan no obstante fuera de la regulación de lo dispuesto en la LOMESPJ, las materias de derecho laboral, penal, y concursal, así como todos aquellos asuntos en los que sea parte una entidad perteneciente al sector público.

---

11   BARONA VILAR, habla con los ADR, se han convertido en una solución entrajurisdiccional del conflicto en el siglo XXI y uno de los medios que tiene el ciudadano para solucionar sus conflictos.

12   El art. 4.2 de la LOMESPJ, excluye la posibilidad de acudir a los MASC, a todas aquellas cuestiones civiles que pudieran verse en un proceso por delito de violencia de género o delitos sexuales, de conformidad con lo dispuesto en el art. 89.9 de la LOPJ. La LEC reconoce la vis atractiva de la jurisdicción penal para conocer de las cuestiones civiles derivadas de los procesos por delitos de violencia de género. De esta forma el art. 49 bis de la LEC, establece la pérdida de competencia y al deber de inhibición de los Juzgados de Primera Instancia o de Familia a favor de los Juzgados de Violencia sobre la Mujer. En el apartado primero se establece la inhibición de oficio del juez de lo civil al de violencia, siempre que «exista un proceso penal iniciado o se haya acordado una orden de protección» Entendiendo por incoación de un proceso penal, cualesquiera de los iniciados por jurado, sumario, diligencias previas, del procedimiento abreviado, juicio rápido o juicio de faltas. Además, se exige en relación con el proceso civil que no se haya iniciado la fase del juicio oral.

Con la nueva regulación, se exige con carácter general y como requisito previo de procedibilidad en los asuntos civiles, acreditar haber acudido previamente a algún medio adecuado de solución de controversias (MASC)[13]. Requisito que en muchos de los casos supone una agilización en la solución del conflicto cuando se alcanza un acuerdo, evitando el largo y tedioso proceso judicial, pero que, en otros casos, al contrario, implica una demora en la tramitación del procedimiento, cuando las partes no alcanzan un acuerdo[14].

Como procedimientos adecuados para solucionar los MASC podemos considerar como tales, la negociación directa entre las partes o a través de los abogados; la mediación civil, mercantil o transfronteriza regulada en la 5/2012 de 6 de julio, así como el Derecho colaborativo, o mediante la intervención y obtención de un experto independiente. También se prevé la conciliación ante notario, Registrador de la propiedad; Letrado de la Administración de Justicia o ante el Juez de Paz de acuerdo con lo dispuesto en la Ley de Jurisdicción Voluntaria y la Ley de Enjuiciamiento Civil.

1.2. Supuestos excluidos de la actividad negociadora previa del art. 5

De acuerdo con lo dispuesto en el art. 5 de la LOMESPJ es necesario como requisito previo para la

---

13   El art. 5 de la LOMESPJ considera el requisito previo de procedibilidad para la admisión a trámite de una demanda civil, que exista en todo caso identidad entre el objeto de la negociación y el objeto del litigio, aunque las pretensiones sobre dicho objeto que se sustanciasen en vía judicial pudieran variar.

14   En relación con este aspecto, se hablará en un apartado posterior, sobre los procedimientos civiles que deberían estar excluido de los MASC.

tramitación de todos los procesos declarativos y especiales de la LEC, la actividad negociadora previa a la que antes hemos hecho referencia. No obstante, quedan excluidos todos aquellos asuntos relativos:

a) La tutela judicial civil de derechos fundamentales.

b) La adopción de las medidas previstas en el artículo 158 del Código Civil;

c) La adopción de medidas judiciales de apoyo a las personas con discapacidad;

d) La filiación, paternidad y maternidad;

e) La tutela sumaria de la tenencia o de la posesión de una cosa o derecho por quien haya sido despojado de ellas o perturbado en su disfrute;

f) La pretensión de que el tribunal resuelva, con carácter sumario, la demolición o derribo de obra, edificio, árbol, columna o cualquier otro objeto análogo en estado de ruina y que amenace causar daños a quien demande;

g) El ingreso de menores con problemas de conducta en centros de protección específicos, la entrada en domicilios y restantes lugares para la ejecución forzosa de medidas de protección de menores o la restitución o retorno de menores en los supuestos de sustracción internacional;

h) El juicio cambiario.

No obstante, tras la entrada en vigor y su aplicación práctica se han presentado una serie de problemas en determinados procedimientos en los que el sometimiento previo a los MASC ha creado graves problemas por la naturaleza especial del proceso y las cuestiones que en el mismo se plantean, creando diversidad de criterios en la aplicación de los MASC por los diferentes órganos judiciales que integran el poder judicial. En concreto, se ha solicitado modificar las excepciones a los requisitos de procedibilidad establecidas en el art. 5.2 de la LO1/2025, ampliándolas a los juicios de desahucios por cualesquiera de las causas previstas en la Ley de Arrendamientos Urbanos, los procedimientos de familia en los que se vean involucrados menores; juicios monitorios, y juicios relativos a reclamaciones de cuotas impagadas a comunidades de propietarios en régimen de propiedad horizontal[15].

A) Problemas prácticos en relación con los juicios de desahucios[16]

En materia de juicios de desahucios por falta de pago de renta o cantidades asimiladas, se ha planteado si no es preciso acudir al MASC, cuando previamente se ha acreditado la comunicación con el deudor a efectos de la enervación, como pudiese ser el requerimiento de pago al demandado y ello habida cuenta que la LEC permite la terminación de los juicios de desahucios de fincas urbanas o rústicas por falta de pago, mediante decreto del Letrado de la Administración de Justicia competente, cuando se haya cumplimentado el citado

---

15   En este sentido se ha aprobado una Proposición no de Ley relativa a la modificación urgente de la regulación de los medios alternativos de solución de conflictos en la justicia y de criterios unificados para todos los órganos judiciales.

16   Sobre la posibilidad de eliminar el requisito de acudir con carácter previo a los MASC en los juicios de desahucio, fue debatido en el encuentro de juzgados de primera instancia en materia de vivienda organizado por el poder judicial dentro de los cursos de formación de jueces y magistrados, siendo ponente la Magistrada M.ª José Lorena Ochea.

requisito[17]. Sin embargo, la junta de jueces de Barcelona[18] considera que debe quedar clara la voluntad negociadora entre las partes, lo cual se cuestiona con un mero requerimiento de pago.

También se ha planteado la duda en relación con empresas del sector público creadas ad hoc en materia de vivienda, pero sujetas al derecho administrativo y al sector de la contratación pública. De acuerdo con lo dispuesto en la ley de eficiencia quedarían excluidos de los MASC, todos aquellos asuntos en los que una de las partes sea una entidad perteneciente al sector público. En consecuencia, estas empresas públicas quedarían en principio excluidas frente al demandado.

B) Procedimientos de familia en los que se vea involucrado un menor

Con el requisito previo de procedibilidad en materia de MASC, los procesos de familia en los que se vea involucrado un menor y que exijan una pronta respuesta, como pueden ser las cuestiones relativas a la elección del periodo de vacaciones, o pensiones de alimentos, elección de centro escolar, si los progenitores discrepan cuando hay un plazo para su matrícula, autorización de un tratamiento médico urgente, cuando su demora

---

17   El art. 438.5 de la LEC establece que en los juicios de desahucios por falta de pago el LAJ, requerirá al demandado que pretende la enervación, pague la totalidad de lo que deba.

18   Las Juntas de Jueces de los Tribunales de Instancia, se pueden reunir para examinar y valorar, cuando existan diferentes criterios interpretativos en la aplicación de la ley antes asuntos sustancialmente iguales. Si bien no es vinculante para el enjuiciamiento de los asuntos que conozcan los jueces, de acuerdo con el principio de independencia judicial.

puede poner incluso en peligro la vida del menor; o autorizaciones de viajes internacionales, como pudiese ser un viaje de estudio, cuya demora en su resolución implicaría la pérdida del mismo una demora en su resolución, en perjuicio del interés superior del menor que se vería perjudicado, cuando debería ser el bien jurídico superior digo de protección[19]

1.3. Clases de medios de solución de controversias en vía no judicial

Se consideran como medios de negociación previa a la vía de solución de controversias extrajudiciales:

– La negociación directa o por medio de abogados[20];

– La conciliación privada, por medio de personas con conocimientos técnicos o jurídicos relacionados con la materia de que se trata, como pueden ser notarios, registradores de la propiedad, letrados de la administración de justicia o jueces de paz[21].

---

19 El Congreso de los Diputados aprobó el 13 de noviembre de 2025, una proposición no de ley para la inclusión dentro de las exclusiones de los MASC, previstas en el art. 5.2 de la Ley 1/2025 a aquellos procesos de familia en los que se vea involucrado un menor.

20 La ley establece que cuando las partes recurran a la intervención de los abogados en los procesos de mediación habrá que abonarse sus honorarios salvo que se tenga derecho al beneficio de justicia gratuita. Sobre esto nos referimos en un epígrafe posterior sobre su doble lectura que el pago conlleva.

21 Para intervenir en calidad de conciliador se requiere estar inscrito como ejerciente en algunos de los colegios profesionales de los diferentes tipos de conciliadores que la ley permite como tales (abogados, procuradores, economistas, notarios, registradores), o estar inscrita como mediador en los

- Opinión de persona experta independiente, para que emita un dictamen no vinculante respecto a la materia objeto del conflicto[22].

- Procesos de derecho colaborativo[23],

- La mediación civil, mercantil o transfronteriza[24]

- *La mediación civil, mercantil y transfronteriza regulada en la Ley 5/2012, de 6 de julio, de mediación en asuntos civiles y mercantiles*[25].

La mediación se puede definir como un proceso para la consecución de los procesos de autocomposición, por el que un tercero imparcial ayuda a resolver de

---

registros o instituciones legalmente reconocidas y autorizadas. También ser imparcial y guardar los deberes de confidencialidad y secreto profesional.

22 La ley exige que la persona experta deba acreditar que está en posesión de los títulos oficiales que garanticen los conocimientos técnicos sobre la materia sobre la que versa su informe.

23 Según el Colegio de Abogados de Madrid, el derecho colaborativo como una nueva forma de ejercicio de la profesión de Abogado en la que a través de acuerdos con el cliente, se excluye la vía judicial, para la resolución de un conflicto y se colabora con la parte contraria, para la consecución de un acuerdo. Debe tratarse por tanto, de un abogado colegiado experto en derecho colaborativo.

24 En especial se desarrolla la mediación civil, mercantil e internacional por su importancia y desarrollo legislativo a través de la Ley 5/2012.

25 En relación con la mediación especialmente la mediación transfronteriza me remitiré a lo dispuesto en el artículo escrito por mí sobre la intervención del LAJ en los asuntos de mediación internacional.

forma constructiva un conflicto inter-partes, así como también planea una transacción o define los contornos de una relación[26].

La ley 1/2025 considera que la mediación es el procedimiento adecuado, programado y voluntario para la solución de controversias entre dos o más partes, por el que intentan llegar a un acuerdo a través de un mediador.

La ley 5/2012 reguladora de la mediación es fruto de la transposición de la Directiva2008/52/CE que establece la legislación marco en materia de mediación civil y mercantil y aplicable también a los litigios transfronterizos en la UE, fomentando el acceso a las modalidades alternativas y amistosas de solución de conflictos y cuyo art. 12 hace una remisión a las distintas legislaciones nacionales para su desarrollo[27].

En cuanto al ámbito de aplicación de la Ley 5/2012 destacar que además de su aplicación al ámbito civil y mercantil se aplica especialmente a los conflictos transfronterizos.

La mediación en conflictos transfronterizos prevista en la Ley 5/2012 difiere de la prevista en la Directiva ya

---

26   Esta definición es dada por MELKEN-MEADOW, cuando habla de la mediación como un medio de los integrantes de los ADR.

27   En ella se prevé el acceso a modalidades alternativas de resolución de conflictos y fomentar la resolución amistosa de litigios. La Directiva fue fruto de una serie de recomendaciones por parte del Parlamento Europeo tras su resolución de 12 de marzo 2003, en la que considera que se deben autorizar las ADR como una opción no vinculante que hay y que los Estados miembros de la Unión no disponen de una normativa marco detallada sobre las ADR y recomienda a la Comisión que actúe con coherencia y coordinación en la puesta a disposición de ADR transfronteriza.

que aquella se aplica a conflictos con Estados pertenecientes o no a la UE, mientras la Directiva se circunscribe al ámbito de la UE. La ejecución de un acuerdo de mediación en España exige que se eleve a Escritura Pública mediante la intervención de Notario o en el caso de que se alcance una vez iniciado un proceso judicial su homologación tal como prevé la LEC[28] se distingue, si ha de ejecutarse en España o fuera de ella[29]:

A) Para el caso de su ejecución fuera de España, el órgano encargado de verificar su validez habrá que analizar ante qué tipo de acuerdo de mediación se encuentra y si se aplican los Reglamentos de la Unión Europea sobre la materia u otros convenios internacionales vigentes en España. De este modo, si el acuerdo en asuntos civiles y mercantiles se ha producido en el marco de un proceso judicial —fenómeno denominado mediación intrajudicial—, y se cuenta con una resolución judicial, resultaría aplicable el Reglamento Bruselas I bis o el Reglamento 805/2004 sobre título ejecutivo europeo, o en su caso el Reglamento (CE) número 4/2009 del Consejo, relativo a la competencia, la ley aplicable, el reconocimiento y la ejecución de las resoluciones y la cooperación en materia de obligaciones de alimentos, o el Reglamento (UE) número 650/2012 del Parlamento Europeo y del Consejo en materia de sucesiones, atendiendo a la materia del acuerdo; o (si el

---

28   El art. 25 de la Ley 5/2012 regula los requisitos necesarios para la ejecución del acuerdo de mediación.

29   En relación con la mediación transfronteriza, en el artículo publicado por **LARROSA, I.**, sobre la intervención del letrado de la Administración de Justicia en los asuntos de mediación internacional distingue si se trata de la ejecución de un acuerdo de mediación suscrito en España y ejecutable en un país de la Unión Europea o en un tercer país, o si trata de un acuerdo de mediación alcanzado fuera de España y ejecutable en España.

acuerdo en asuntos civiles o mercantiles se ha producido fuera del proceso judicial —esto es, extrajudicialmente— pero se ha elevado el acuerdo de mediación a escritura pública y por tanto se ha dotado de esta forma de fuerza ejecutiva[30].

B) Para los casos de mediación alcanzados fuera de España y cuya ejecución se pretende en España[31], su regulación está prevista actualmente en el artículo 27 de la Ley 5/2012 de 6 de julio, En dicho precepto se distingue según si el acuerdo de mediación procede de alguno de un Estado miembro de la Unión Europea —aplicándose alguno de los Reglamentos Europeos sobre reconocimiento y ejecución e resoluciones judiciales y documentos públicos antes citados—; o si procede de un tercer Estado —remitiéndonos en su caso, a un convenio internacional vigentes en España o en su defecto, ejecutándose en la forma prevista en la Ley de cooperación jurídica internacional en materia civil

---

30 Art. 58 y 59 del Reglamento de Bruselas I bis, 1215/2012. (UE).

31 Su regulación está prevista en el art. 27 de la Ley 5/2012, que fue objeto de modificación por la Disposición Final de la Ley 29/2015 de 30 de julio, de cooperación jurídica internacional, en él se dispone:
1.- *El reconocimiento y ejecución de los acuerdos de mediación transfronterizos y sin perjuicio de lo que disponga la normativa de la Unión Europea y los convenios internacionales vigentes en España, se producirá en la forma prevista en la Ley de cooperación jurídica internacional en materia civil.*
2.- Un acuerdo de mediación que no haya sido declarado ejecutable por una autoridad extranjera sólo podrá ser ejecutado en España previa elevación a escritura pública por notario las partes, o de una de ellas con el consentimiento expreso de los demás.
3.- El documento extranjero no podrá ser ejecutado cuando resulte contrario al orden público español

sobre reconocimiento y ejecución de resoluciones judiciales y documentos extranjeros—.

II. Los medios de solución de conflictos extrajudiciales como medio para reducir la carga de trabajo de los órganos judiciales

En el numeral anterior se ha definido que se entiende por MASC como medio de solución de conflictos extrajudiciales y su legitimidad para alcanzar una solución correcta y adecuada ante determinadas controversias entre partes. De hecho, el Tribunal de Justicia de la Unión Europea en Sentencia de 14 de mayo de 2020[32] establece el carácter vinculante para los órganos jurisdiccionales del acuerdo alcanzado por las partes a través de un procedimiento de mediación extrajudicial, si bien es necesario su homologación judicial y una vez realizada tiene los mismos efectos que una sentencia judicial.

La ley 1/2025 considera que la inclusión de estos medios y su potenciación influirá además positivamente para reducir el alto nivel de litigiosidad de carácter judicial, con el que actualmente cuenta España. De este modo se intentará con los mismos reducir el tiempo medio de los plazos de pendencia, que actualmente es muy elevado, poniendo en peligro el derecho a la tutela judicial efectiva al que todo ciudadano tiene derecho. En este sentido el Tribunal Constitucional ha declarado que las dilaciones estructurales fruto del aumento desorbitado de asuntos judiciales suponen

---

32 La STJUE de 14-05-2020, asunto C-667/18, establece el valor de la mediación como procedimiento judicial, la cual se desarrolla en el Anexo jurisprudencial.

un atentado al derecho fundamental a la tutela judicial efectiva prevista en el art. 24 de la CE[33].

Como se dice en la exposición de motivos de la Ley 1/2025, desde la entrada en vigor de la Ley 5/2012, 6 de julio de mediación en asuntos civiles y mercantiles, aunque con la misma se ofrece un mecanismo eficaz de autocomposición capaz de solucionar las controversias sin llegar a la vía judicial, sin embargo, no ha conseguido calar en nuestra sociedad, especialmente por la falta de cultura en materia de mediación en nuestro país[34].

En el siguiente apartado veremos como existe una gran diferencia entre aquellos asuntos que se tramitan vía judicial, y los derivados a mediación en España, fruto en gran medida de esa falta de «educación en materia de resolución extrajudicial» o también una «sobreeducación en vía judicial». Por tanto y viendo la estadística del CGPJ que en el siguiente apartado se relaciona, se necesita una mayor cultura en temas de mediación y MASC que pueda superar estas diferencias tan elevadas entre la resolución judicial y extrajudicial de conflictos inter-partes.

---

33   Sobre las dilaciones estructurales ver la Sentencia de Pleno del Tribunal Constitucional, núm. 54/2014, de 10 de abril de 2014. Recurso de amparo 4107-2009. Promovido por don Moufite Fall. Que se desarrolla en el Anexo Jurisprudencial.

34   En el Informe de 26 de agosto de 2016 de la Comisión del Parlamento Europeo al Comité Económico y Social Europeo sobre la aplicación de la Directiva 2008/52/CE del Parlamento Europeo y del Consejo de 21 de mayo de 2008 se destacan los problemas prácticos de implementación por parte de los operadores jurídicos, y la falta de derivación a estos medios.

2.1. Estadística del Consejo General del Poder Judicial

De acuerdo con los informes estadísticos del poder judicial[35] del año 2024, el número de asuntos ingresados en la jurisdicción civil fueron un total de 3.563.038 asuntos de los cuales fueron resueltos 3.153.239; en trámite al final del año 2.688.606 asuntos y se dictaron un total de 862.124 sentencias. A continuación, se muestran en las tablas publicadas por el CGPJ. En la primera se constatan esos porcentajes diferenciando el tipo de órgano de jurisdicción civil y en la segunda el número de asuntos en trámite de ejecución de sentencias distinguiendo también por tipo de órgano jurisdiccional.

Todo lo cual evidencia la falta de uso y escasa aplicación que hasta la fecha los procesos de mediación han tenido en nuestro sistema de resolución de conflictos en vía civil, mercantil o conflictos transfronterizos.

Cuadro n.º 1 número de asuntos ingresados en la jurisdicción civil durante el año 2024[36].

	Movimiento de Asuntos			
	Ingresados	Resueltos	En trámite al final del año	Sentencias
Civil	3.563.038	3.153.239	2.688.606	862.124
Penal	3.499.906	3.451.560	1.124.015	606.444
Contencioso Administrativa	207.581	216.410	225.647	131.195
Social	528.533	469.690	480.652	222.363
Militar	59	85	8	59
Salas Especiales T. Supremo	49	40	16	5
TOTAL	7.799.166	7.291.024	4.518.944	1.822.190

---

35   Estos datos han sido obtenidos del informe estadístico del CGPJ sobre la evolución de la justicia durante los años 2023-2024, sobre la justicia a dato.

36   Informe estadístico del CGPJ (2024) pags.40-41.

Cuadro n.º 2 relativo al número de asuntos en ejecución de sentencias en la jurisdicción civil durante el año 2024.

	Ejecución de sentencias		
	Ingresados	Resueltos	En trámite al final del año
Juzgados de Primera Instancia	332.924	330.992	1.256.179
Juzgados de lo Mercantil	11.802	12.041	36.298
Juzgados de Violencia sobre la Mujer	6.191	5.895	16.081
Juzgados de Familia	19.436	23.567	53.097
Juzgados de 1ª Instancia e Instrucción	225.043	215.433	1.037.573
T.S.J. Sala Civil y Penal	37	29	68
Tribunal Supremo. Sala 1ª	0	0	0
TOTAL	595.433	587.957	2.399.296

Sin embargo, el número de asuntos que se derivaron a mediación civil por los juzgados de primera instancia y de primera instancia e instrucción durante el año 2024 resultaron ser un total de 647 asuntos, de los cuales finalizaron con avenencia un total de 70 y sin avenencia 337. Sin embargo, se destaca por el CGPJ que se derivaron a mediación familiar un total de 2.979 asuntos, de los cuales sólo terminaron con avenencia un total de 327 y sin avenencia 1.486. Por tanto, el número de asuntos resulta prácticamente insignificante con el total de asuntos judiciales que se incoan al año en materia civil, y más todavía resalta los escasos acuerdos que se alcanzan a través de la mediación.

Cuadro n.º 3 número de asuntos derivados a mediación civil por los juzgados de primera instancia e instrucción[37].

MEDIACIÓN CIVIL

JUZGADOS DE PRIMERA INSTANCIA Y JUZGADOS DE PRIMERA INSTANCIA E INSTRUCCIÓN

	2024 Derivados	2024 Fin. Con Avenencia	2024 Fin. Sin Avenencia	2023 Derivados	2023 Fin. Con Avenencia	2023 Fin. Sin Avenencia	2022 Derivados	2022 Fin. Con Avenencia	2022 Fin. Sin Avenencia	2021 Derivados	2021 Fin. Con Avenencia	2021 Fin. Sin Avenencia	2020 Derivados	2020 Fin. Con Avenencia	2020 Fin. Sin Avenencia	2019 Derivados	2019 Fin. Con Avenencia	2019 Fin. Sin Avenencia
Andalucía	70	8	26	27	21	63	101	4	27	34	5	30	36	3	16	149	11	111
Aragón	11	0	4	10	1	10	1	0	1	2	0	2	2	0	0	7	7	2
Asturias	0	0	0	0	0	0	0	0	0	0	0	0	0	0	0	0	0	0
Illes Balears	16	1	12	7	1	3	18	0	3	24	1	10	14	4	4	0	0	1
Canarias	9	3	4	9	2	4	61	10	18	28	4	19	11	2	4	14	3	8
Cantabria	35	2	11	16	1	9	32	2	21	23	1	11	34	3	17	59	0	43
Castilla y León	14	1	11	27	6	16	28	0	29	46	3	106	61	5	53	77	11	37
Castilla-La Mancha	24	5	21	22	8	23	9	0	1	53	12	13	24	8	12	25	2	7
Cataluña	225	24	99	176	20	80	146	20	67	243	15	66	199	7	40	120	18	52
Comunitat Valenciana	109	12	73	137	8	77	147	20	128	247	10	134	160	4	103	235	11	107
Extremadura	31	0	28	5	2	7	0	1	0	0	0	0	0	0	0	0	0	0
Galicia	11	1	1	8	2	8	3	2	2	1	4	2	16	4	8	26	1	18
Madrid	13	1	6	16	3	37	114	11	11	33	8	5	52	7	13	125	14	39
Murcia	55	6	33	59	3	15	97	10	67	97	35	70	95	8	49	94	32	42
Navarra	4	0	2	29	22	28	37	12	23	26	0	8	19	3	3	54	7	27
País Vasco	20	6	6	81	0	5	41	7	12	50	11	30	37	6	23	77	26	48
La Rioja	0	0	0	0	0	0	33	0	17	5	1	2	4	0	4	8	0	3
Total	**647**	**70**	**337**	**629**	**100**	**385**	**868**	**99**	**427**	**912**	**110**	**508**	**764**	**64**	**356**	**1.073**	**143**	**545**

37 Datos estadísticos suministrados por el poder judicial relativos a los medios alternativos de resolución de conflictos (mediación intrajudicial durante los años 2019-2024).

Cuadro n.º 4 número de asuntos derivados a mediación familiar por los juzgados de familia.

MEDIACIÓN FAMILIAR

JUZGADOS DE PRIMERA INSTANCIA Y JUZGADOS DE PRIMERA INSTANCIA E INSTRUCCIÓN

	2024			2023			2022			2021			2020			2019		
	Derivados	Finalizados Con Avenencia	Finalizados Sin Avenencia	Derivados	Finalizados Con Avenencia	Finalizados Sin Avenencia	Derivados	Finalizados Con Avenencia	Finalizados Sin Avenencia	Derivados	Finalizados Con Avenencia	Finalizados Sin Avenencia	Derivados	Finalizados Con Avenencia	Finalizados Sin Avenencia	Derivados	Finalizados Con Avenencia	Finalizados Sin Avenencia
Andalucía	359	6	183	374	3	233	294	3	66	189	4	62	255	4	55	596	6	100
Aragón	12	5	7	10	0	9	5	0	3	15	4	11	26	0	13	35	3	14
Asturias	0	0	0	0	0	0	1	0	1	0	0	0	22	2	18	113	18	67
Illes Balears	29	2	9	14	0	2	19	3	5	43	2	16	16	3	4	62	3	18
Canarias	34	2	11	14	0	3	236	37	67	346	56	195	258	44	97	268	25	126
Cantabria	205	20	165	134	15	115	176	19	142	146	7	153	164	16	121	250	24	225
Castilla y León	255	14	160	235	15	153	154	4	120	166	2	127	130	4	95	169	37	106
Castilla-La Mancha	24	22	9	26	12	12	35	12	11	28	24	8	25	17	6	37	34	19
Cataluña	542	26	111	577	20	165	696	35	195	869	28	199	521	13	85	781	35	250
Comunitat Valenciana	330	10	93	308	17	130	263	-	112	273	21	138	305	14	183	699	128	450
Extremadura	0	0	0	2	0	0	46	0	6	46	3	26	11	0	11	62	1	59
Galicia	17	3	1	12	4	8	89	14	138	171	15	161	363	29	220	574	64	434
Madrid	285	155	130	203	116	57	279	113	78	285	72	155	212	68	100	320	90	200
Murcia	423	10	356	269	16	222	387	21	311	320	25	250	250	12	240	354	19	325
Navarra	91	8	22	66	8	16	135	16	39	99	23	15	24	11	2	41	12	13
País Vasco	363	42	221	132	32	70	221	53	116	308	56	173	155	35	75	407	54	281
La Rioja	10	2	0	0	0	0	1	0	1	0	0	0	0	0	0	1	0	0
Total	2.979	327	1.486	2.376	258	1.195	3.037	326	1.471	3.287	342	1.709	2.737	292	1.325	4.769	553	2.688

III. La agilización de los procedimientos judiciales con Ley Orgánica 1/2025, de 2 de enero, de medidas en materia de eficiencia del Servicio Público de Justicia. Principales reformas

3.1. Conformidades procesales en vía intrajudicial penal

La LOMESPJ, establece en el capítulo II del Título II una serie de reformas procesales para una mayor agilización en la tramitación de los procedimientos judiciales. De este modo para promover la conformidad, tanto en el procedimiento abreviado cuyo enjuiciamiento corresponde por la gravedad de los hechos a la Audiencia Provincial, como en el procedimiento ordinario, se suprime el límite penológico de los seis años. De esta forma el acusado en la audiencia preliminar con la asistencia de su abogado defensor «podrá conformarse con el escrito de acusación que contenga la pena de mayor gravedad, o con el que presentará en ese acto, que no podrá referirse a hechos distintos ni contener calificación más grave que la del escrito de acusación»[38]. A continuación, el juez o tribunal dictará sentencia de conformidad tras haber oído al acusado, tras examinar que la conformidad ha sido prestada libremente y con conocimiento de sus consecuencias, ya que en caso contrario acordará la celebración del juicio. También se prevé que cuando el juez considere que pese a la conformidad la calificación no es correcta o la pena así solicitada no procede legalmente, requerirá a la acusación que presentó el escrito de calificación más grave para que se manifieste si se ratifica o no en el mismo. Y dic-

---

[38] Art. 785 de la LECRIM.

tará sentencia de conformidad sólo cuando se modifique el escrito de acusación con la calificación correcta y con una pena procedente y adecuada y el acusado de nuevo preste su conformidad. En caso contrario ordenará la celebración del juicio. La sentencia se dictará de viva voz, y se documentará de conformidad con lo dispuesto en el art. 789, apartado 2 de la LECRIM y a continuación se redactará, declarándola firme cuando las partes expresen su voluntad de no recurrir.

A través de la conformidad penal se produce un importante número de asuntos que se resuelven en vía penal, evitando la celebración del juicio con ella, y la conclusión del procedimiento de forma ágil e impidiendo de este modo la dilatación del procedimiento.

Este instrumento de resolución intrajudicial se utiliza en todo tipo de procedimientos, evitando en muchos de los casos no sólo una reducción de la pena, sino también la posibilidad de ejecutar la pena de prisión, mediante su suspensión, para aquellos casos en los que la pena de prisión sea inferior a dos años, y en los que exista un pronóstico favorable de que la ejecución de la pena no sea necesaria para evitar la comisión futura por el penado de nuevos delitos.

Para ello se valorará por el tribunal no sólo el tipo de delito cometido, sino también las circunstancias personales del penado (que haya delinquido por primera vez), que no tenga antecedentes penales, su conducta, y que haya reparado el daño cometido (haya pagado la responsabilidad civil)[39].

---

39 El art. 10 del CP, establece las condiciones necesarias para acordar la suspensión de la ejecución de las penas privativas de libertad.

Si nos vamos a los datos de la Fiscalía de la Comunidad Autónoma de Cataluña del 2024·. Existe una ligera tendencia al mantenimiento o en su caso incremento por la tasa de evolución de los años 2022 y 2003 de sentencias dictadas conforme fiscal por conformidad[40].

Actualmente la conformidad es habitual en todo tipo de delitos, no obstante, en los delitos fiscales, por la naturaleza especial de los mismos, su relevancia social e incluso atendiendo al carácter público de los acusados suele ser habitual, la conformidad, el pago de las responsabilidades civiles y la multa, y así evitar la ejecución de las penas de prisión. Es otra forma por tanto de solución y concluir los conflictos judiciales, evitando en muchos de los casos el ingreso en prisión del condenado[41].

---

40 Ver la Memoria del 2024 de la Fiscalía de la Comunidad Autónoma de Cataluña, del ejercicio 2023. En ella se indica que desde el 2020 existe una tendencia al alto de sentencias de conformidad dictadas en diligencias urgentes pasando del año 2020 de 13.320 a 14.306 sentencias, y en el año 2022, ascendiendo un 16,60 %. Si bien existe una ligera tendencia descendiente en el 2023 debido a la salida de la época de la pandemia -1,95 %.

41 De acuerdo con la reciente Sentencia dictada por la Audiencia Nacional, «caso Nummaria» de gran actualidad, dictada el 4 de julio de 2025, habida cuenta que dos de los acusados eran popularmente conocidos dado su condición de actores televisivos en España, Imanol Arias y Ana Duato. En ella se dicta sentencia de conformidad, absolviendo a Ana Duato por falta de pruebas y a Imanol Arias, se le condena a dos años y dos meses de prisión, tras haber un acuerdo con la pena más grave, pactada con la fiscalía, por haber cometido cinco delitos fiscales. En relación con la misma es desarrollada en el Anexo Jurisprudencial.

2

LA JUSTICIA RESTAURATIVA Y SU APLICACIÓN EN EL PROCESO PENAL

«La justicia humana no puede ser más que una justicia parcial; su humanidad no puede dejar de resolverse en su parcialidad. Todo lo que se puede hacer es tratar de disminuir esta parcialidad. Desgraciadamente, la justicia humana está hecha de tal manera que no solamente se hace sufrir a los hombres porque son culpables sino también para saber si son culpables o inocentes. Esta es, desgraciadamente, una necesidad, a la cual el proceso no se puede sustraer ni siquiera si su mecanismo fuese humanamente perfecto»[42].

Carnelutti.

I. Antecedentes históricos, concepto, caracteres de la justicia restaurativa y prácticas restaurativas

1. Antecedentes históricos:

Según Zehr[43] la justicia restaurativa, nació en los años setenta del siglo veinte, en un intento de responder a las

---

42   CARNELUTTI, se refiere a la justicia humana dentro de su libro *Las miserias del proceso penal.*

43   ZEHR, Howard, *The Little Book of Restaurative Justice*, Good Books, Philadelphia (United States), 2002, pág. 55-66.

importantes frustraciones y limitaciones que la justicia penal tradicional había impuesto. Ya que no sólo no reparaba el daño producido a las víctimas, sino que en muchas de las ocasiones lo reavivaba, revictimizándolas.

Para Segovia Bernabé[44] esta justicia nace vinculada a diferentes movimientos conciliadores y pacificadores preocupados por la humanización de las penas, que intentan superar el excesivo rigor del modelo penal convencional, centrado de forma exclusiva en el castigo del culpable y olvidando a las víctimas, que intervienen en un proceso como meros instrumentos de consecución de una justicia retributiva y punitiva. En esta línea se crean movimientos por la paz, las Comisiones de la Verdad y la Reconciliación en Sudáfrica[45], fueron unas. Éstas fueron constituidas, después del apartheid con el objeto de investigar el pasado de sociedades que habían sufrido situaciones graves de violencia interior, con la finalidad de cerrar las heridas sufridas y evitar que pudieran volverse a cometer en un futuro, creando una memoria colectiva, de verdad histórica e intentar conseguir la reconciliación y reparación.

Bajo las mismas premisas, aparecen instituciones internacionales como las Naciones Unidas o entidades cívico-religiosas como la Comunidad de San Egidio[46],

---

44 SEGOVIA BERNABÉ, J. «La Justicia Restaurativa como expresión de la misericordia» en *Anales Valentinos: Nueva Serie*, año 3, n.º 5, 2016, pág.123.

45 La Comisión para la Verdad y la reconciliación fue un organismo creado por el gobierno de Sudáfrica de Nelson Mandela, al frente de la cual se encontraba el obispo Desmond Tutu, tras el sistema del apartheid.

46 Sobre La comunidad de San Egidio, ver la información disponible en:https://elpais.com/diario/2001/05/01/cataluny-ya/988679251_850215.html

experta en resolver conflictos políticos en forma pacífica, especialmente en África (Mozambique, Angola o Burundi).

En el ámbito internacional habría que destacar los *Principios Básicos del uso de programas de Justicia Restaurativa en Materia penal, adoptados en 2002 por el Consejo Económico y Social en las Naciones Unidas*. En ellos se define el programa de justicia restaurativa, como todo aquel que utilice un proceso restaurativo e intente alcanzar resultados restaurativos, entendiendo por tales las respuestas, acuerdos, la reparación, la restitución o programas al servicio de la comunidad, para atender a sus necesidades y alcanzar responsabilidades individuales y colectivas de las partes, así como lograr la reparación y resocialización de la víctima y del ofensor. Estos principios tienen su antecedente legislativo en *la Declaración de Principios Fundamentales de Justicia para las Víctimas de Delitos y del Abuso de Poder, aprobada por la Asamblea General de Naciones Unidas el 29 en noviembre de 1985, en su resolución 40/34, al igual que la Resolución 1999/26, de 28 de julio de 1999, del Consejo Económico y Social de las Naciones Unidas sobre Elaboración y aplicación de medidas de mediación y justicia restitutiva en materia de justicia penal*.

En el ámbito europeo, destacar la normativa dictada por el Consejo de Europa, con una apuesta clara a la mediación penal como práctica restaurativa, en concreto la *Recomendación n.º R(99)19, del Comité de Ministros del Consejo de Europa, así como en la actualidad la Recomendación CM/Rec(2018)8, de 3 de octubre de 2018, del Comité de Ministros a los Estados Miembros sobre justicia restaurativa en materia penal*, de gran influencia en los estados europeos para integrar los modelos restaurativos en sus sistemas judiciales penales[47].

En el ámbito del Consejo de Europa destacar por su importancia y desarrollo en el ámbito de la violencia de género, el Convenio de Estambul. Este convenio aprobado por el Consejo de Europa, y por la mayor parte de los países europeos, entre ellos España y también la Unión Europea, tiene por objeto la prevención y la lucha contra las mujeres y la violencia doméstica. Establece en su art. 48 la prohibición de la utilización de los medios alternativos obligatorios de resolución de conflictos o imposición de condenas. Es decir, proscribe la utilización de los medios alternativos de resolución de conflictos, de carácter obligatorio. Reflexionando sobre su ámbito de aplicación, como manifiesta VARONA «se prohíbe la utilización de cualquier medio alternativo, por tanto, también la justicia restaurativa». Sin embargo, alude «al carácter obligatorio de los mismos, y la justicia restaurativa es ante todo voluntaria, por lo que en un primer momento podríamos considerar que ésta queda fuera de dicha proscripción para este tipo de delitos de violencia machista y doméstica»[48]. Sobre el carácter y la extensión de esta prohibición, nos referiremos más adelante con las nuevas reformas legislativas emprendidas por la LOLMESPJ.

En el ámbito de la Unión Europea la Decisión Marco 2001/220/JAI, de 15 de marzo de 2001, relativa al Estatuto de la Víctima en el proceso penal hace especial

---

47 VARONA MARTÍNEZ, G., *Justicia restaurativa desde la Criminología: mapas para un viaje.* Dykinson, 2018. Págs. 25 a 27.

48 El Convenio de Estambul, incluye como delitos contra la violencia machista, tanto la violencia psicológica, física, violencia sexual, violación, acoso sexual, matrimonios forzados, mutilaciones genitales femeninas, el aborto y la esterilización forzosa.

mención a la mediación penal como forma de resolución de los conflictos penales. Posteriormente fue sustituida por la Directiva 29/2012/UE sobre derechos, apoyo y protección de las víctimas de delitos. La nueva Directiva supone la obligatoriedad de unas bases mínimas, que todos los estados mínimos debían regular y que dio lugar en nuestro ordenamiento jurídico español, a la Ley 4/2015, de 27 de abril, del Estatuto de la Víctima del Delito y el Real Decreto 1109/2015, de 11 de diciembre, que la desarrolla.

En la actualidad aparece como una metodología para resolver conflictos jurídicos, haciendo partícipes a las propias víctimas, victimarios, miembros de la comunidad y organizaciones judiciales, buscando también la reparación y rehabilitación de aquellos.

La inclusión en España de estas respuestas restaurativas, como señala (De la Cuesta/ Germán 2023), generó importantes experiencias reparadoras en las que se hizo partícipe a la víctima y victimario, así como a la comunidad. Intentando conseguir no sólo la sanación de aquella sino también la recuperación y reinserción de aquél[49]. Entre aquellas experiencias, destacar los importantes encuentros restaurativos, realizados entre víctimas y presos —ex miembros de grupos terrorista de ETA y del IRA—, que habían abandonado la lucha armada, habían pedido públicamente perdón y buscaban en la medida de lo posible mitigar el dolor y

---

49 DE LA CUESTA, J.L./ GERMAN, I., «Otra forma de abordar los conflictos penales: la inaplazable regulación del modelo de justicia restaurativa en España» en *Yearbook of Legal Sciences & Human Rights Tribute to Prof. Dr. Cândido Furtado Maia Neto*, vol. 1, Francis Wearbook, 2023, pág.350.

daño causado. Según CASTILLA JIMENEZ[50] los encuentros restaurativos entre las víctimas y los exmiembros de ETA comenzaron en el 2011, bajo el visto bueno del ministerio del Interior y la dirección de atención a las víctimas del Gobierno Vasco. Estos encuentros restaurativos se iniciaron a instancia de los presos de ETA. A través de ellos se buscaba que las víctimas pudieran preguntar y encontrar en algún caso respuesta y mitigar en lo medida de lo posible su dolor ocasionado por los actos terroristas.

2. La justicia restaurativa surge tras la crisis de una justicia especialmente retributiva. Para SEGOVIA BERNABÉ[51] supone encontrar soluciones entre las partes directamente afectadas, busca encontrar la paz, el bien, dejando a un lado el mal y especialmente busca el perdón, incluso para aquellos actos más imposibles y crueles de entender.

Para Tamarit con la justicia restaurativa se busca obtener respuestas y soluciones no punitivos al conflicto[52].

No obstante, con la justicia restaurativa no podemos quedarnos en los actos pasados, debemos buscar soluciones, restaurar el daño, pero con miras de futuro, par-

---

50 CASTILLA JIMÉNEZ, J., «Incidencia de los poderes públicos en el desarrollo de los encuentros restaurativos» en *Los ojos del otro*, obra colectiva, Salterrae, Santander 2013, págs.253-254

51 Para SEGOVIA BERNABÉ, la justicia restaurativa es el ideal cristiano. Considera que debe olvidarse los ideales de reciprocidad entre el daño producida a la víctima y el dolor inferido con el castigo. *Op. Cit.* Pag.145.

52 TAMARIT SUMALLA, J., «La reparación y el apoyo a las víctimas» en *El Estatuto de las Víctimas de Delitos, Comentarios a la Ley 4/2015*, obra colectiva, TAMARIT SUMALLA, J., (Coord), Tirant lo Blanch, Barcelona, 2015, pág.294.

tiendo del delito, pero de acuerdo con las particularidades del momento. Se trata según considera Beristaín, de una «justicia recreativa»[53].

Para Marshall lo importante es la respuesta colectiva de las partes implicadas en un delito. Su forma de afrontar la reparación del daño producido y prevenir la «revictimización»[54].

Otros en cambio como Ríos Martín apuestan por un concepto amplio de la justicia restaurativa. El diálogo comunitario y el encuentro personal entre los afectados, les reconduce de nuevo a protagonistas del proceso, en el que pueden buscar o alcanzar las soluciones de reparación y responsabilidad del daño ocasionado[55]. Y en este sentido para RÍOS MARTÍN la Justicia restaurativa se puede definir como:

«La filosofía y el método de resolver los conflictos que atienden prioritariamente a la protección de la víctima y al restablecimiento de la paz social, mediante el diálogo y el encuentro personal entre los directamente afectados, con la participación de la comunidad cercana y con el objeto de satisfacer de modo efectivo las necesidades puestas de manifiesto por los mismos, devolviéndoles una

---

53 BERISTAÍN, A., *Nueva Criminología desde el Derecho Penal y desde la victimología*, Tirant Lo Blanch, Valencia 1994, págs.344y 353

54 MARSHALL, T., «The evolution of restorative justice in Britain», en *European Jornual on Criminal Policy and Research,* Vol. 4, No 4, London, 1996, pág. 37.

55 RÍOS MARTÍN, J., C, «La Justicia Restaurativa y Mediación Penal. Análisis de una experiencia (2005-2008)». *Investigación del Consejo General del Poder Judicial.* 2008.Publicado en poder judicial.es. pág. 13. (último acceso el 20-10-2025) pág.13.

parte significativa de la disponibilidad sobre el proceso y sus eventuales soluciones, procurando la responsabilización del infractor y la reparación de las heridas personales y sociales provocadas por el delito»

La Organización de las Naciones Unidas[56] habla en cambio del proceso restaurativo, como todo proceso en que las víctimas, el delincuente y cuando proceda, cualquier otra persona o miembro de la comunidad afectado por un delito, participen conjuntamente de forma activa en la resolución de cuestiones derivadas del delito, por lo general con la ayuda de un facilitador. Y por resultado restaurativo debe entenderse, un acuerdo alcanzado como consecuencia de un proceso restaurativo cuyo contenido sea la reparación, la restitución y el servicio a la comunidad, encaminados a atender las necesidades y responsabilidades individuales y colectivas de las partes en conflicto y a lograr la reintegración de las víctimas y del delincuente. No obstante, considera que no puede convertirse en un proceso paralelo a la justicia ordinaria, ni tampoco un proceso sustitutivo, sino que debe ser complementario.

3. Precisan Zehr y Segovia Bernabé, que la Justicia Restaurativa, no busca como principal objetivo la reconciliación o el perdón de las víctimas, aunque eso sí nos invita al diálogo responsabilizador y a la exploración del otro. A través de los encuentros restaurativos y aunque no pueden considerarse como un proceso de mediación en sentido estricto, las partes tratarán de reconocer el mal causado, estimular el diálogo, ayudar

---

56   La Organización de Naciones unidas (ONU) define los Principios básicos de la utilización de programas de justicia restaurativa en materia penal, adoptados en 2002 por el Consejo Económico y Social en las Naciones Unidas.

a ponerse en el lugar del otro, cautivar actitudes empáticas, cuidar los procesos de responsabilidad personal. De esta manera, y como características de la misma podemos destacar que la Justicia Restaurativa busca:

3.1. El protagonismo de las víctimas:

Se trata de trabajar más el daño ocasionado a la víctima con el delito cometido, que la búsqueda de la responsabilidad criminal del infractor. Para ello, según Segovia Bernabé[57], debe darse el protagonismo a las necesidades humanas. Buscando la causa del conflicto, la asunción de responsabilidades, *«intentando hacer desaparecer los miedos y las inseguridades que provocan en muchos casos en la víctima la imposibilidad de seguir adelante».* Se trata de algo tan sencillo en muchas de las ocasiones, como dejar que la víctima pueda ser escuchada, exprese su dolor y a su vez pueda escuchar del otro *«¿por qué a ella?».*

3.2. La restauración de las víctimas y la responsabilidad del infractor:

Aunque en el apartado siguiente, abordaremos el protagonismo de las víctimas con mayor exhaustividad, destacar que el actual sistema tradicional penal las ha relegado a un papel secundario, las convierte en meros testigos pasivos de su propia revictimización propio destino como dice Nils Christie, citado por Segovia Bernabé[58]:

> *«Las partes están representadas y la parte representada por el Estado, llamada víctima, es re-*

---

57   Segovia Bernabé, J., en *Diálogo de Justicia restaurativa y mediación*, pág. 77-97.

58   Christie, Nils. *Los límites del dolor*. Ed. Fondo de Cultura Económica. México.1981.

presentada de tal modo que es empujada fuera del escenario y reducida a mero desencadenante del asunto. La víctima es un perdedor por partida doble, primero frente al delincuente y segundo, a menudo de forma brutal, al serle negado el derecho a la plena participación en lo que podría haber sido uno de los encuentros rituales más importantes de su vida».

La Justicia Restaurativa tiene por objetivo darle a la víctima el protagonismo robado, reparándole del daño causado e intentándole dar una respuesta —de nuevo—, a su obsesionante pregunta *«¿Y por qué a mí?»*. Así como lograr que el infractor se responsabilice y asuma las consecuencias por los daños causados, se disculpe y escuche a la víctima, posibilitando en su caso, su reintegro a la sociedad como un ciudadano de a pie normal. Porque en definitiva la justicia restaurativa intenta buscar lo mejor de cada persona y de esta forma intentar lograr la recuperación personal y social tanto de la víctima como en su caso del ofensor.

GIMENEZ-SALINAS[59], habla como una de las formas de Justicia Restaurativa, de la mediación-conciliación víctima-delincuente. A través de ella se pretende alcanzar la paz jurídica, la reconstitución de los bienes de la víctima, la de su individualidad y protagonismo. Pero sobre todo busca una mejoría en la convivencia social, lo que supera sin lugar a dudas la mera reparación material que se le concede a través del derecho penal.

---

59   GIMÉNEZ-SALINAS I COLOMER, E., «La mediación en el sistema de justicia juvenil: Una versión desde el derecho comparado», *Eguzkilore*, N.º 10, extraordinario, 1992, Págs.193-212.

3.3. Propiciar el diálogo y por ende el entendimiento a través de la comunicación entre víctimas y ofensores:

En este sentido debemos destacar las aportaciones, que la teoría de la acción comunicativa de HABERMAS[60] propone a la Justicia Restaurativa, según cita LAUREL BARRET[61], hablando de la teoría comunicativa de aquél, a través del lenguaje, las personas son capaces, entre otras cosas, de conectar e influenciarse entre sí mismas, establecer relaciones interpersonales, comprender lo que ocurre a las otras personas y coordinar la acción. La función del lenguaje, de hecho, es finalmente alcanzar la comprensión para avanzar a la acción, caracterizada principalmente por la búsqueda del acuerdo de reparación y las acciones necesarias para poner en marcha sus términos.

La teoría discursiva de Habermas nos ayuda a comprender cómo el entendimiento, la empatía y el acuerdo se pueden alcanzar a través del proceso restaurativo. Cuando la gente siente respeto, igualdad y cuidado mutuo, es más probable que se reduzcan sus defensas o protecciones, algo habitual en el curso de relaciones no cooperativas. Es más, «*cada vez que hablamos, elevamos tres inherentes pretensiones de validez: la verdad, la sinceridad y la rectitud*».

---

60 JÜNGER HABERMAS, es uno de los pensadores más influyentes del siglo XX, con grandes aportaciones a la Sociología Jurídica a través de sus teorías sobre la Democracia Deliberativa y la Acción Comunicativa. En este sentido destacamos sus grandes aportaciones a la Justicia Restaurativa a través de la acción comunicativa, entre víctima y ofensor.

61 LAUREL BARRET, A. *The works of Jürgen Habermas: A tool for further understanding the theory and practice of restorative justice*. Phd. Dalhousie University. 2011

En definitiva, es a través del diálogo donde se produce el encuentro restaurativo entre víctima y ofensor, tras la plena convicción y voluntad de respetarse y escucharse mutuamente[62].

3.4. No es un sustituto del sistema legal:

No se trata de negar la existencia de un problema, se trata más bien de humanizar el sistema penal y dignificar a quienes lo padece.

3.5. No está pensada únicamente para la solución de los delitos menos graves, sino que los encuentros restaurativos pueden tener su mayor impacto en los casos más graves. No obstante, actualmente están excluidos los delitos de violencia de género y violencia sexual[63].

No obstante, aun cuando se acceda a los procesos restaurativos dentro del proceso penal se deben de respetar unos principios básicos[64]:

- Consentimiento libre y voluntario de la víctima y del agresor, que puede retirarse en cualquier momento.

- Los acuerdos que en su caso y siempre de forma voluntaria que pudiesen alcanzarse, sólo contendrán obligaciones razonables y proporcionadas.

---

62 OLALDE ALTAREJOS, J.A., *Estudio multidimensional de algunas prácticas de justicia restaurativa en el País Vasco con lentes de trabajo social (2007-2012)*. Tesis. Varona Martínez, G., /García Longoria, M.P., (Dirs. tes). Universidad de Murcia. Trabajo Social. 2015. Pág. 257.

63 Art. 89.9 de la LOPJ.

64 ONU en sus principios básicos de la Justicia Restaurativa.

- Las partes deben de estar de acuerdo sobre los hechos fundamentales del asunto que es objeto de participación en el proceso restaurativo.

- La seguridad y las diferencias existentes entre las partes intervinientes en el proceso se deben de tener en cuenta en el proceso restaurativo.

- Corresponde a los estados parte establecer el marco normativo y las directrices que rijan los procesos restaurativos, tales como la determinación de los casos que se derivan a un proceso restaurativo, administración de un programa y normas de competencia.

- Las partes intervienen en los procesos restaurativos con plenas garantías de equidad. De esta forma antes del inicio del proceso restaurativo a las partes se les informa, sobre el tipo de procedimiento restaurativo al que se someten, de sus derechos y de las consecuencias de su decisión.

- Las conversaciones mantenidas en procesos restaurativos que no sean públicas deben ser confidenciales y no serán publicadas, salvo acuerdo de las partes.

- Los facilitadores deben ser parte imparcial, con una especial preparación.

No obstante, la justicia restaurativa ha sido también objeto de importantes críticas. Representa una visión excesivamente angelical de la realidad. Prioriza la reconciliación, frente a situaciones y personalidades humanas totalmente irreconciliables y contrarios a cualquier acercamiento con el ofensor. En la misma línea de argumentación, también se habla de que ofrece una visión excesivamente privatista del sistema penal, ineficaz para el sistema de prevención y protección del sistema penal actual, obviando la ausencia de una total falta de educación restaurativa de la sociedad, frente a una visión excesivamente retribucionista[65].

4. De acuerdo con la definición sobre prácticas restaurativas de las Naciones Unidas, se pueden considerar como tales, las prácticas de mediación, conciliación, conversaciones y reuniones. También, aunque de carácter pseudorestaurativos, los paneles, círculos de apoyo y los programas con víctimas subrogadas[66].

La práctica de la mediación es la más utilizada habitualmente, identificándose en muchos de los casos ambas, olvidando que existen otro tipo. Por ello antes de centrarnos en la mediación vamos a analizar las diferentes clases de prácticas.

En el ámbito anglosajón, los programas restaurativos, (VOD, por sus siglas en inglés - *Victim Offender Dialogue*), se desarrollaron a través de las prácticas restaurativas, distintas de la mediación, las conferencias víctima-ofensor, las conferencias familiares y los círculos. Para todos estos modelos, existen una serie de elementos comunes. De este modo, se incluye un encuentro entre las principales partes involucradas, víctima y ofensor y a veces también con un miembro de la comunidad. No obstante, a veces dado la dificultad o la imposibilidad en la práctica de estos encuentros *«face to face»* entre víctima y ofensor (por la natu-

---

65   Subijana Zunzunegui, I., y Porres García, I., «La viabilidad de la justicia terapéutica, restaurativa y procedimental en nuestro ordenamiento jurídico». *Cuaderno Penales José María Lidón.* Núm9. Bilbao.2013, págs.21-58.

66   German Mancebo, I., «*La construcción de la verdad en la justicia penal restaurativa intrajudicial: equidad y justicia epistémicas en la decisión jurídica», (tesis),* Universidad del País Vasco, 2023, pág.75.

raleza del delito o por la voluntad de las partes, entre otros motivos), se usan personas que los sustituyen o los representan y que intervienen en el proceso como si fueran aquellos. En todas estas prácticas actúa un facilitador, que guía y supervisa el proceso. El facilitador busca el equilibrio de intereses entre las partes, pero no impone el acuerdo. Se les motiva para que puedan llegar a un resultado cordial y sobre todo beneficioso para todos ellos.

a) Conferencias Víctima-Ofensor

En este tipo de conferencias participan principalmente la víctima y el ofensor. Se trabaja de forma individual con cada una de las partes, para luego y siempre habiendo dado su permiso la víctima, reunirse ambas partes en una conferencia, que es guiada por el facilitador. En alguno de los casos se logra un acuerdo de reparación, aunque no es lo habitual. Se habla de dos tipos de modelos. El seguido en Norteamérica y que fue desarrollado por la policía de Australia. En el que los facilitadores son miembros pertenecientes a la autoridad de la comunidad y se basan en la dinámica de la vergüenza. Pueden intervenir también como elemento simbólico y a veces de apoyo, familiares y amigos.

b) Conferencias Familiares, Comunitarias o de Responsabilidad

En ellas participan familiares u otras personas relevantes de la comunidad a la que pertenecen la víctima y el ofensor *(Family Group Conferences)* y promueven la participación de la víctima y del infractor. Estas ayudan a los ofensores a que asuman su responsabilidad y cumplan el acuerdo alcanzado, en su caso. Las víctimas también pueden traer a sus familiares o alguien que defienda sus derechos. También puede estar presente el abogado de alguna de las partes y un defensor del menor en el caso de que esté involucrado. Incluso miembros de la policía. Tiene su origen en Nueva Zelanda. Fue especialmente utilizada en la cultura maorí en el ámbito de la justicia juvenil y de menores. En estas prácticas se representa el rol del tribunal de justicia, con un plan completo de restauración para las víctimas, llegando a imponer en algunos casos incluso sanciones para el ofensor. También es utilizado en algunos casos en supuestos de violencia familiar[67].

c) Círculos Restaurativos

En estas prácticas, intervienen además de la víctima y el victimario, otras personas interesadas en participar, como familiares, jueces, miembros de la policía, abogados y representantes de la comunidad, entre otros. Todas estas personas se colocan en un círculo, o en varios y tienen la oportunidad de narrar su vivencia, expresar sus sentimientos, debatir y llegar a acuerdo. Los círculos están diseñados no sólo para dar respuesta al hecho delictivo, sino también para tener en cuenta las necesidades de las víctimas, las familias y la comunidad. En estos procesos restaurativos, además de seguirse unas técnicas especiales para el diálogo, con una serie de turnos de intervenciones, pueden participar especialistas en diferentes ámbitos (sociales, psicológicos o jurídicos) para ayudar a resolver el conflicto. Existen diferentes tipos de círculos, como los círculos para la paz o para la reconstrucción de la paz, que fueron utilizados por las tribus Navajo en Estados Uni-

---

67   RAYE, B. E. & WARNER, A. nos describen este tipo de conferencias familiares en el manual básico de justicia restaurativa. (págs. 211-227).

dos en los años ochenta[68]. Existen además los círculos sanadores, utilizados sobre todo para «sanar» las heridas de los delitos de violencia sexual y los círculos de sentencias o también llamados sentencias circulares, con la que se intenta llegar a un consenso, haciendo partícipes a los afectados, a miembros de la comunidad, pero con una participación del órgano jurisdiccional que es el que dirige los círculos[69].

d) Por último existen otras prácticas pseudorestaurativas[70] como los paneles, en los que se buscan fórmulas reparadoras, como, el pago de la indemnización económica del ofensor a la víctima es como señala Helena Soleto[71], «la menos restaurativa porque se centra en una compensación económica». Los círculos

---

68 GERMAN I, describe en su tesis, antes referenciada en la cita 32, estos procesos restaurativos de pacificación, refiriéndose a McCold. El proceso restaurativo utilizado por la nación navajo, se inicia con una demanda llamada «nalyeeh», que conlleva una compensación y además una reparación del daño. En caso de que fracase la demanda, se puede instar la intervención de un líder, con un proceso de construcción de paz, basado en el diálogo. Estos círculos también se utilizan para resolver los problemas de la comunidad o para preparar a reinsertar en la sociedad a los excarcelados. Pág.79.

69 Estas prácticas restaurativas son descritas en un proyecto dirigido por WEITEKAMP, E., Developing Peacemaking Circles in a European Context. Financiado por la Comisión Europea de justicia criminal.

70 GERMAN I, op. cit, las califica como cuasi restaurativas porque tienen una carga de reparación inferior a las anteriores. Incluye como tales a los paneles, haciendo especial mención a los círculos de apoyo y los programas de víctimas subrogadas.

71 SOLETO, MUÑOZ, H., «Aportaciones internacionales al desarrollo de la justicia», en I. Subijana (dir.), Justicia Restaurativa, una justicia para el siglo XXI: potencialidades y retos. Cuadernos en homenaje a José María Lidón 9 Bilbao, Universidad Deusto, 2013.

de apoyo y de responsabilidad *(circles of support and accountability)* aplicables, como dice VARONA a los condenados por delitos sexuales para prepararlos a que regresen y se reinserten en la sociedad[72]; o los programas con víctimas subrogadas o simbólicas[73], cuando las víctimas no quieren o no pueden participar y aplicable especialmente a los delitos de peligro abstracto que no requieren un resultado concreto para su comisión, como ocurriría con los delitos contra la seguridad vial, en los que como dice Echano, *«la víctima abstracta se haría de esta forma presente».*

e) La Mediación Penal

La mediación penal es la forma más habitual y extendida de la Justicia Restaurativa, VOM (por sus siglas en inglés, *Victim Offender Mediation)*[74]. De hecho, como dice GERMAN, I, «existe una excesiva identificación de la justicia restaurativa con la mediación» y en la regulación de la legislación española se

---

72 Para Gema Varona, este tipo de círculos se constituyen con miembros de la comunidad, con participación de voluntariado, con formación específica, que ayudan y supervisan a los expresos con un riesgo para que puedan de nuevo volver a vivir en comunidad.

73 ECHANO BALSADUA, J.I., «Mediación entre adultos», en SUBIJANA, I. J. (dir.), *Justicia restaurativa, una justicia para el siglo XXI: potencialidades y retos.* Cuadernos en homenaje a José María Lidón 9 Bilbao, Universidad Deusto, 2013.

74 IGARTUA, I., OLALDE, A. Y VARONA, G., *Diccionario breve de justicia restaurativa. Una invitación interdisciplinaria e introductoria a sus conceptos claves.* 2012. Editorial Académica Española pág. 99. En el diccionario de la justicia restaurativo, el término mediación penal, se indica que procede de la locución del lat. *Mediatio-onis,* que significa acción y efecto de interponerse en medio y *—poenalis—,* que indica perteneciente o relativo a las leyes, instituciones o acciones destinadas a perseguir delitos.

habla de forma continuada de la mediación como justicia restaurativa[75].

En la mediación se encuentran, víctima y ofensor y a través del diálogo buscan la reparación y la sanación del daño ocasionado por aquel. También interviene un tercero imparcial, que les ayuda y guía en el difícil encuentro. Este tercero de carácter técnico y adecuadamente formado independiente de los operadores jurídicos que actúan en el proceso penal, no tiene poder de decisión y resulta acreditado solo por la autoridad que le reconocen las personas participantes. Les ayuda a comprender el origen del conflicto, sus causas y consecuencias, a confrontar sus puntos de vista y a elaborar acuerdos viables sobre el modo de reparación, tanto material como moral.

Como sigue diciendo Varona, los fines de la mediación penal se corresponden sustancialmente con los previstos para la Justicia Restaurativa: la reintegración de la persona infractora, que le permita responsabilizarse de sus hechos y reinsertarse en la sociedad. La reparación de la víctima, no sólo material sino fundamentalmente moral y la restauración de las consecuencias derivadas de la infracción penal en la sociedad, permitiendo que la sociedad tome partido.

Para la consecución de estos fines, los mediadores utilizarán diversas estrategias y herramientas que variarán según el modelo de mediación utilizado[76]. Aunque en la práctica estas diferencias se diluyen,

---

75 Isabel GERMAN, señala en su tesis que en el art. 15 de la Ley 4/2015 de 27 de abril, del estatuto de la víctima del delito, hace referencia con carácter exclusivo a la mediación como práctica restaurativa, pág.77

76 *Ibid*. Existen diferentes escuelas de mediación: De Harvard (orientada más a la negociación); Narrativa (a la reflexión); Construcción de Paz (centrado en las relaciones y de la bús-

teniendo sobre todo en cuenta la naturaleza penal de la infracción cometida, por cuanto la dimensión pública del ilícito cometido condiciona la gestión y el desarrollo del procedimiento de mediación[77].

La mediación es en consecuencia además de una forma de gestionar los conflictos, un modelo de regulación social.

La mediación penal es en la práctica, una potente herramienta que afecta a la actividad realizada en los juzgados y tribunales, al incorporar al proceso penal los postulados de la justicia restaurativa, que tradicionalmente se han basado y con toda seguridad puedo asegurar en criterios exclusivamente retributivos.

La valoración del éxito de la mediación penal se lleva a cabo a través de una serie de parámetros objetivos, tales como: la disminución de la delincuencia, victimización, reducción de costes; u otros subjetivos: la satisfacción de las partes; reconciliación; aceptación del daño causado y reparación del mismo. Como dice Concepción Sáez, produce unos efectos muy positivos para todos[78]:

«Incluso en muchas mediaciones terminadas con éxito no se ciñen exclusivamente al concreto

---

queda de soluciones en un horizonte de reconciliación); Método Transformativo de Bush y Folger (transformación relacional)

77 Seguimos en este sentido a BRAITHWAITE, J., «Crime, Shame and Reintegration». *Oxford*: Oxford University Press, 1989. Citado por VARONA G.,

78 Sobre la valoración positiva de la mediación penal en el proceso penal seguimos a Concepción Sáez Rodríguez, quien realiza una valoración de las experiencias en mediación penal seguidas en los diferentes Juzgados y Tribunales españoles que se sumaron a la experiencia piloto de asumir y aplicar la mediación penal en el proceso penal, propuesta por el CGPJ

ámbito en el que se desarrollan, sino que extienden sus efectos positivos a otros procedimientos judiciales diferentes existentes entre las mismas partes».

En segundo lugar, su valoración positiva atiende también a criterios de disminución del riesgo, que puede generar primero para las víctimas, el sometimiento al proceso penal después de sufrir además de un daño puede producirles una revictimización, inseguridad, vergüenza o desconfianza hacia un proceso regio y formalista en la que interviene como mero espectador. O para los infractores, que pueden ver la mediación como una alternativa a la justicia retributiva.

En cuanto a qué tipos delictivos permiten ser sometidos a mediación penal, dependerá del tipo normativo que se adopte. Existen tres modelos: el directivo, que determina que delitos pueden ser derivados a mediación; el prohibitivo, indica cuales quedan excluidos; y finalmente el habilitante, permite que cualquier delito pueda ser sometido a cualquier práctica restaurativa, incluida la mediación, como más adelante veremos[79].

---

durante el período de 1998 a 2011. En sus conclusiones, concluye que los resultados superan todos los objetivos propuestos. Destacando incluso: «En definitiva la mediación produce ventajas para todos: para el propio sistema penal (reducción de coste, tiempo, burocracia); para la propia víctima (adquiere protagonismo; evita sufrimientos innecesarios; derecho a conocer la verdad; recuperación y reparación tanto física como moral)», en: «Mediación Penal. Conclusiones de las experiencias en España, 1998-2011», en *Cuadernos penales de José María Lidón*, Núm. 8: Reforma penal: personas jurídicas y tráfico de drogas; Justicia Restaurativa. 2011.Universidad de Deusto. Bilbao. Págs.127-135

79 SUBIJANA ZUNZUNEGUI, I., PORRES GARCÍA I., «La viabilidad de la justicia terapéutica, terapéutica, restaurativa y procedimen-

La Directiva 2012/29/UE, de 25 de octubre de 2012, por la que se establecen normas mínimas sobre los derechos, el apoyo y la protección de las víctimas de delitos y por la que se sustituye la Decisión Marco 2011/220/JR, no establece la prohibición de la utilización de la Justicia Restaurativa para ningún delito, por lo que se enmarca en el modelo habilitante[80].

La Ley 4/2015, de 27 de abril, del Estatuto de la víctima del Delito (LEVD), en desarrollo de la previsión del artículo 12.2 de la Directiva 2012/29/UE[81], establece que las víctimas podrán acceder a servicios de justicia restaurativa, en los términos que reglamentariamente se establezcan, siempre que haya un reconocimiento de los hechos por el infractor; consentimiento de la víctima y de aquél; se haya garantizado un marco seguro para la víctima en el proceso de mediación que no entrañe riesgo; y además no exista prohibición normativa de derivación. En nuestro sistema penal la única regla normativa prohibitiva se refiere a los medios adecuados de solución de controversias para todos aquellos casos cuya competencia corresponda a las Secciones de violencia contra la mujer de los tribunales de instancia los Juzgados de Violencia sobre la Mujer, según dispone el artículo 89 de la LOPJ. Esta prohibición, ha sido objeto de numerosas críticas que expondremos en el siguiente apartado. En consecuencia, en los delitos

---

tal en nuestro ordenamiento jurídico» en *Cuadernos Penales José María Lidón*, núm. 9 Bilbao. 2013. págs. 42-56.

80   *Ibid.*

81   El artículo 12.2 de la Directiva 2012/29/UE se establece que los Estados miembros deberán adoptar medidas para proteger a las víctimas contra la victimización secundaria o reiterada, represalias, medidas que se adoptarán cuando faciliten servicios de justicia restaurativa

de violencia contra la mujer y los delitos sexuales cuyo conocimiento corresponda a las Secciones de Violencia sobre la Mujer, queda prohibida la utilización de cualesquiera de las prácticas restaurativas para la solución del mismo. La cual se analizará posteriormente.

II. El protagonismo de las víctimas. Procesos de victimización. Reivindicaciones de las víctimas. El valor del perdón[82]

2.1. La búsqueda del protagonismo de las víctimas

Vivimos en una sociedad donde todo va deprisa, en donde se premia el éxito frente al fracaso, donde el todopoderoso estado es el garante frente a las injusticias, el que decide quién y cómo debe ser castigado y la forma en que debe repararse el daño, la infracción, la injusticia. Quién decide quién y cómo debe intervenir en un proceso donde se enjuicia el daño causado. De esta forma, y como ya hemos apuntado nos encontramos con un proceso penal en el que no se les da la palabra a las víctimas, simplemente se las repara (si eso se le puede llamar reparación) materialmente, económicamente, callándolas por un momento si cabe, y manteniéndolas en un sufrimiento eterno y con un las-

---

82   El Estudio de la Victimología fue introducida en los estudios académicos por Antonio Beristain Ipíña. En el año 1979 fundó junto a otros criminólogos la «Sociedad Internacional de Victimología». Entre las metas de la Sociedad se pretendía no tanto una homonización y/ o disminución de la severidad de las penas, sino poner el centro de atención en el estudio de las víctimas. En las obras «Protagonismo de las Victimas de Hoy y Mañana», o «La victimología desde una epistemología teológica y criminológica» entre otras, citadas entre en este estudio, se realiza un estudio sobre su evolución en el campo jurídico penal, prisional y ético.

tre del que no pueden y/ o no saben salir. Las víctimas no interesan, no nos gusta que se visualicen, que sean protagonistas, que nos hablen de su sufrimiento, de sus temores, de sus penas, de sus angustias, nos incomodan porque en definitiva nos hace recordar nuestro compromiso como sociedad, como personas humanas que no hemos alcanzado y la posibilidad de que tal vez podamos encontrarnos en su misma situación lo que no nos gusta porque eso supondría un fracaso de vida, algo que en nuestra sociedad no podemos aceptar. Pensemos cuantas veces hemos utilizado la frase «¡no te hagas la víctima¡» para referirnos de forma despectiva, aquellas personas que utilizan la vía de dar pena para conseguir sus objetivos, en vez de luchar por ellos. De esta manera ponemos en duda la certeza, la verdad de su situación, de su posición, de sus reivindicaciones, de su amargura y de su sufrimiento, haciéndolas callar y ocultándolas en un submundo a parte donde parece que tienen que estar para evitar que nos demos cuenta de la realidad.

Sin embargo, con la Justicia Restaurativa, las víctimas dejan de ser un mero número en un procedimiento penal, se materializan en personas de carne y hueso, que no sólo intervienen, sino que quieren hacerlo, en un procedimiento en el que en definitiva son las protagonistas. Quieren ser escuchadas, oír la verdad, ser reparadas, restauradas, en definitiva, poder pasar página.

El movimiento a favor de las víctimas se erige en la década de los años setenta en nuestro país. Su visibilización, fue a debido a su surgimiento como sujetos merecedores de derechos y la necesidad de atender sus necesidades de ser reparados.

La Justicia Restaurativa aparece para muchos juristas y criminólogos, como alternativa a la pena retributiva, vindicativa, expiacionista y al delito propio del sistema penal kantiano, formal y tradicional. Antonio Beristaín[83], mantiene que el sistema penal actual debe sustentarse en otros valores y otros protagonistas, las víctimas directas e indirectas, la reparación de todos los daños en todas sus modalidades (patrimonial, simbólica y emocional) que se les ha causado y es a través de la justicia restaurativa donde se encuentran los mayores apoyos para su consecución. De esta forma mantiene[84]:

> «Al delito le damos un nombre nuevo: victimización. Le damos un contenido nuevo: no viola el interés jurídico protegido, ni la autoridad estatal, sino que viola los derechos subjetivos y objetivos de personas concretas» (...) «El delito, hoy y mañana, no ha de seguir tipificándose sobre la lesión de un abstracto bien jurídico protegido (por ejemplo, la honestidad, la raza, la nación, la dictadura, el régimen, etc.) sino sobre la lesión a personas concretas, vulnerables...».

Beristain, utiliza el símil de la justicia ciega para referirse a la justicia tradicional, mientras que la justicia restaurativa se quita esa venda de los ojos, para «—antes de mirar a las leyes y los dogmas— ver a las víctimas directas e indirectas, y su victimización primaria, secundaria y terciaria»[85].

---

83   BERISTAIN IPIÑA, A., Op. Cit.

84   BERISTAIN IPIÑA, A., «Hoy creamos una nueva ciencia cosmopolita e integradora: la victimología de máximos después de Auschwitz», en Universitas, N.º 110: 461-487, julio-diciembre de 2005, Bogotá, p. 467.

85   BERISTAIN IPIÑA, A., habla de esta alegoría de la Justicia ciega, en «Elogio criminológico de la locura erasmiana universita-

De esta forma nos preguntamos: «*¿Cómo podemos llamar Justicia y cómo podemos pretender hacer justicia con alguien qué está ciego y qué tienen los ojos vendados? ¿Somos nosotros los locos al llamarla justicia?*».

Sin embargo, como señala Segovia Bernabé[86], la efectiva incorporación de la victimología no se hará efectiva en España, hasta que empieza a apreciarse una especial sensibilización por determinadas categorías de víctimas procedentes de delitos muy graves como el terrorismo o de las violencias de género. Lo importante de la Justicia Restaurativa es que reconoce a las víctimas el protagonismo que merecen y busca reparar y curar sus cicatrices. Es como dice, ROJAS MARCOS, citado por el propio Segovia Bernabé, la mejor forma de superar:

> «*La obsesión crónica con los malvados que quebrantaron sus vidas y que les impide cerrar la herida y pasar página. Pues es un hecho que los perjudicados por sucesos traumáticos que tienen el pasaporte de víctima temporal se recuperan mejor que aquellos que, consciente o inconscientemente, se aferran a esta nacionalidad por un tiempo ilimitado*».

Por tanto, la Justicia Restaurativa tiene como misión otorgar a las víctimas el protagonismo robado, hacerlas visibles ante un sistema penal que las ha relegado y silenciado a meros testigo. Como dice MATE, se trata de buscar y conseguir la justicia de las víctimas, a través del encuentro y el diálogo, hacerlas visibles, en pala-

---

ria». *Lección inaugural del curso académico 1990-1991*, Universidad del País Vasco, octubre de 1990.

86 SEGOVIA BERNABÉ, J., Op. Cit. Núm. 139, págs. 138-140

bras de ésta[87]: «*La visibilidad consiste en haber logrado que su sufrimiento deje de ser insignificante, es decir, que signifique injusticia*».

La concepción de las víctimas que se utiliza en Justicia Restaurativa es una concepción plural, que supera las fronteras del sujeto pasivo del delito penal[88] . Desde el punto de vista del derecho punitivo se habla de víctimas directas e indirectas. Las víctimas directas serían los sujetos pasivos del delito. Mientras que víctimas indirectas serían los perjudicados por el delito. Sin embargo, en el ámbito victimológico, la comisión de un delito produce muchas víctimas, no sólo afecta a una sola víctima. De esta forma Antonio Beristaín, se refiere a los victimas en los delitos de terrorismo, abarcando no sólo a la víctima asesinada, a sus familiares y allegados, sino a todas aquellas que se pueden encontrar en circunstancias parecidas a la asesinada, por su pertenencia al mismo grupo político, por su profesión, símil que de igual forma se puede aplicar a los delitos de violencia de género, en el que las víctimas en plural no sólo incluiría a la víctimas directas (mujer y en su caso hijos)[89], sino todas aquellas mujeres y menores que pudieran encontrarse en la misma situación, aun cuando no hubiese habido una denuncia.

---

87   MATE, R., *Justicia de las víctimas. Terrorismo, memoria, reconciliación*. Fundación Alternativas y Anthropos, Barcelona. 2008, pág.21.

88   BERISTAÍN IPIÑA., A. *Op, cit*. Núm. 159

89   Sobre el concepto de menores victima directa de violencia de género Ver Sentencia del Tribunal Supremo de 18 de abril de 2018. OP. Cit. Núm. 26.

Por último, para concluir otro lado la justicia que debe darse a las víctimas debe ser como señala MATE[90] una justicia, que debe dar respuesta a la demanda de la víctima de forma individual porque el sufrimiento es el de cada una de las víctimas, porque cada una de ellas tiene su historia, no se le puede hacer invisible, porque cada una de ellas tiene su *«historia passionis»*. Todos somos responsables frente a ese sufrimiento porque «la tarea que tenemos es escuchar el grito del que sufre y proceder a una pormenorización de sus daños».

En el mismo sentido, BERISTAÍN, considera que la respuesta, la reparación y asistencia a las víctimas debe hacerse caso por caso, de forma individualizada, teniendo en cuenta cada una de necesidades e intereses personales y particulares[91].

---

90 REYES MATE, M., Formula el principio de individuación para referirse al sufrimiento de cada víctima: «El sufrimiento remite a una historia particular que se hace invisible en el concepto. En el conocimiento abstracto se priva al singular de su historia, que es su historia passionis», en *Tratado de la Injusticia*, Barcelona, editorial Anthropos, 2011, págs. 64-212.

91 BERISTAIN habla en su aportación a la mesa redonda realizada en la UPV en los VIII cursos de verano celebrado por la UPV en San Sebastián en 1989, con su intervención sobre *«La Victimología desde una Epistemología teológica y criminológica»*; de la necesidad de buscar la reparación de las víctimas teniendo en cuenta las circunstancias de cada una de ellas. Para ello pone de manifiesto, como a veces las indemnizaciones globales económicas que reciben las víctimas tras un juicio penal por la vía del artículo 104 del CP, acarrean «consecuencias indeseables», perjudicándolas más que beneficiándolas, ya que a veces ese dinero les ha llevado a situaciones no tan infrecuentes, de adicciones a la droga, el alcohol o el juego, al carecer la víctima de recursos para gestionar esa cantidad de dinero, habiendo sido más preferible que la indemnización no hubiese sido única sino de forma periódica.

Por eso la Justicia de las Víctimas, como es la Justicia Restaurativa, destapa la justicia ciega, tradicional, que mantiene el silencio del hombre ante la indiferencia de la victimización y del sufrimiento[92].

2.2. Procesos de victimización

El profesor DÜNKER[93] habla de la existencia de tres niveles de victimización:

Victimización primaria

En la que la víctima sufre las consecuencias directas derivadas de la actuación delictiva de la que es sujeto pasivo: físicas, económicas, psicológicas o sociales. De este modo frente a los daños físicos producidos por el delito del que es objeto, sufre a veces importantes consecuencias psicológicas derivadas de sus características personales, tales como su poco control social, su situación de anonimato, soledad, inseguridad o miedo que producen un importante impacto psicológico en la víctima.

La impotencia ante la agresión o el miedo a que se repita, producen angustia, frustración, y a veces complejo de culpabilidad, lo que produce en muchos de los casos el temor de la víctima a relacionarse, y en definitiva su aislamiento. Además la sociedad no empatiza

---

92 SANPEDRO ARRUBLA, J., «La Justicia Restaurativa: una nueva vía, desde las víctimas, en la solución al conflicto penal». *Internacional Law Revista Colombiana de Derecho Internacional*, núm. 17, julio-diciembre 2010. Págs.96-123.

93 DÜNKEL FRIEDER, «Fundamentos victimológicos generales de la relación entre víctima y autor de derecho Penal», en *Victimología (VII Cursos de Verano en San Sebastián-I Cursos Europeos)*, BERISTAIN IPIÑA, A., Universidad del País Vasco, Donostia,1990.

con ellas como ya se ha expuesto, más bien las margina, las aparta[94].

Victimización Secundaria

Es aquella, más grave si cabe que la primera producida por las relaciones entre la víctima y el mecanismo represivo del Estado. La víctima acude a Él (policía, justicia) en busca de ayuda y acaba desmotivada ante un sistema de justicia excesivamente formalista y carente en la mayor parte de los casos de una visión humana y real de su situación personal. Incluso algunas veces se sienten cuestionadas por los operadores jurídicos, especialmente por los abogados defensores de la parte acusada cuando al intervenir en el interrogatorio, la víctima va relatando los hechos, como se fueron produciendo y aquella intenta tergiversar el sentido de sus palabras, intentar crear confusión en ella para obtener una respuesta que ponga en tela de juicio el resultado de la prueba y así conseguir un pronunciamiento absolutorio para su defendido. Piénsese en un juicio por delito de agresiones sexuales, en el que el abogado del acusado pregunta a la víctima, *«Pero ¿usted consintió mantener relaciones sexuales con el acusado, no opuso resistencia o no mostró su disconformidad?»*. De este modo se encuentran ante un sistema de justicia sistema que en definitiva les ignora. Un sistema que parece más un puro mercado, en el que los profesionales de la acusación y de la defensa pactan el precio de la pena y del delito cometido, y en el que en ningún momento preguntan a la víctima que le parece, o que opina, si considera satisfechos sus necesidades más allá de la mera

---

94 LANDROVE DÍAZ, G., «La víctima y el Juez», en *Victimología (VII Cursos de Verano en San Sebastián-I Cursos Europeos)*, BERISTAIN IPIÑA, A. (dir.), Universidad del País Vasco, Donostia,1990 págs. 187-194.

compensación económica con ese acuerdo, sin tener en cuenta que son ellas las verdaderas protagonistas.

Ante esta situación, el Comité de Ministros del Consejo de Europa aprobó el 28 de junio de 1985, una serie de recomendaciones encaminadas a mejorar la situación de la víctima en el marco del derecho penal y del proceso penal, así como una serie de obligaciones por parte de los Estados, entre otras[95]:

- La víctima debe ser tratada con respeto.
- la víctima debe ser informada sobre sus derechos.
- La víctima debe de ser interrogada de forma apropiada y cuidadosa.
- Los menores víctimas deben ser interrogados en presencia de sus padres y /o tutores.

Estas recomendaciones han sido sustituidas por las contenidas en la Directiva 2012/29/UE del Parlamento Europeo y del Consejo de 25 de octubre de 2012, de la que en el siguiente epígrafe hablaremos, y por la que se establecen normas mínimas sobre los derechos, el apoyo y la protección de las víctimas de delitos, y por la que se sustituye la Decisión Marco 2001/220/JAI[96].

Victimización Terciaria

Cuando la autodefinición de víctima se convierte en un elemento de su personalidad, es decir la construye en torno a ella[97].

---

95   Estas recomendaciones del Consejo de Europa a todos los Estados, superan diferentes niveles, policiales, de persecución, en el interrogatorio de la víctima, en los juicios o en el momento de ejecución.

96   *Ibdem.*

97   DÜNKEL, FREDERIC, *Op. cit.*

2.3. Reivindicaciones de las víctimas

La visión restaurativa de la Justicia Restaurativa se fundamenta en tres coordenadas básicas: la verdad, la justicia y la reparación[98].

El Derecho a saber o conocer la verdad, según SEGOVIA BERNABÉ[99], es la primera reivindicación de las víctimas, es algo consustancial con la propia dignidad humana. El saber, el cómo y el porqué de su sufrimiento.

En la justicia penal convencional se busca no la verdad real sino material, a través de un proceso en el que las partes (acusación, defensa, juez), actúan ejercitando una serie de papeles previamente establecidos, con poco margen de maniobra y con escaso o más bien nulo papel de intervención de las víctimas. Sin embargo, en la Justicia Restaurativa, las partes proceden a la búsqueda de la verdad y al reconocimiento voluntario de la existencia de un problema entre víctima e infractor y su intención de resolverlo. Como indica DEL MORAL GARCIA, citado por Segovia[100]

«Es peligrosa la deriva a la renuncia a descubrir la verdad. El proceso penal no puede renunciar

---

98 SANPEDRO ARRUBLA, J., *Op. Cit.* Págs. 97-106. En el se cita expresamente el Informe presentado por la Comisión de Derechos Humanos, subcomisión de Prevención de Discriminaciones y protección de las minorías, de la justicia y los derechos humanos de los detenidos elaborado y revisado por m. Louis Joinet, en el que se contienen los principios básicos para luchar contra la impunidad, haciendo referencia especialmente a los derechos de las víctimas a saber la verdad, la justicia y la reparación.

99 SEGOVIA BERNABÉ J., «Otro derecho penal es posible», pág. 153

100 DEL MORAL GARCÍA, A., «Verdad y justicia penal», en *Ética de las profesiones Jurídicas. Estudios sobre deontología.* vol. I Universidad Católica San Antonio, volumen I Murcia, 2003, pág.537.

desde un primer momento a la búsqueda de la verdad. El derecho a la verdad, forma parte de la reparación de la víctima, forma parte una vez conocido al derecho al olvido, alivia aunque sea solo en parte el dolor y ayuda a seguir hacia delante».

En la Justicia Restaurativa y a diferencia del proceso convencional se debe recompensar la verdad, dar prioridad la certeza de los hechos. Porque sólo a través de la verdad se puede reparar y hasta puede llegar a perdonar. Es como dice Segovia Bernabé *«atrévete a saber»*, más allá de lo que procesalmente es correcto[101].

El Derecho a la Justicia. Las víctimas deben hacer valer sus derechos, el derecho a beneficiarse de un recurso justo y eficaz. Debe repararse el daño, impedir que se repita, procurar la reeducación del criminal. Al hacer justicia, debe tenerse en cuenta que el derecho apunta a la reparación y no hacia a la venganza. De hecho, cuando el castigo al culpable pierde el sentido de hacer justicia, se convierte en venganza[102].

El Derecho a la Reparación. El derecho penal, nos habla de la responsabilidad civil derivado del delito, consistente en la reparación, indemnización de los daños morales y materiales y restitución de la cosa. Sin embargo, la respuesta de la legislación actual es insuficiente. El derecho a la reparación de la víctima es algo más que contenido de la responsabilidad civil prevista en el CP.

101　Segovia Bernabé, J., «Diálogo Justicia Restaurativa y Mediación» Ríos Martín, J., (coautor) en *Documentación Social*, n.º 148, 2008, págs.77-98.

102　Reyes Mate, H., «En torno a una justicia anamnética», en *La ética ante las víctimas*, Barcelona Editorial Anthropos. 2003, pág.101.

Se han planteado diferentes formas de reparación en el sistema penal. El modelo restringido, en el que la reparación es correlativa con las sanciones penales. Así como un modelo más amplio en el que se habla de la reparación como una consecuencia jurídica penal autónoma, en el que la reparación aparecería como otra sanción junto con las penas y las multas.

Según la Declaración sobre Justicia y asistencia a las víctimas adoptada por la Sociedad Mundial de Victimología[103], las víctimas de cualquier delito, deben de recibir la correspondiente asistencia y compensación (lo más completa posible) en el ámbito económico, psicológico, social, judicial y sanitario. Concretamente en su artículo IV y V, se establece que debe reconocérsele su derecho a obtener reparación por las pérdidas, daño o lesiones sufridas entre otros: por pérdida de la vida, impedimento en la salud, dolor y sufrimiento, ambos físicos y materiales; pérdida de la libertad; pérdida de ingresos, asistencia psiquiátrica, médica. La reparación debe ser íntegra tanto en el apartado material como moral y tanto en lo que concierne al daño emergente como el lucro cesante.

La reparación por otro lado tiene un efecto resocializador, ya que supone para el infractor enfrentarse con las consecuencias de su hecho, y enfrentarse a las necesidades de la víctima. Incluso a veces, puede lle-

---

103 La Sociedad Mundial de Victimología presentó, a la sección III del VII Congreso Internacional de las Naciones Unidas sobre Prevención del delito y Tratamiento del Delincuente, celebrado el 26 de agosto de 1985, un proyecto de Declaración sobre Justicia y Asistencia a las Víctimas.

var a un acercamiento entre víctima y agresor y a veces incluso hasta alcanzar el perdón[104].

Y respecto a quién le corresponde, hablamos de que la asistencia a las víctimas debe prestarla en primer lugar el delincuente y ante su imposibilidad o insuficiencia, la sociedad, el Estado o el organismo internacional correspondiente.

Otra de las cuestiones que se debe abordar respecto al derecho a la reparación es el derecho a la relación recíproca entre víctima y delincuente. Este derecho está intrínsecamente vinculado con el derecho a conocer la verdad. La víctima debe tener la opción de intervenir en el proceso penal de forma activa y no meramente formalista, como ya se ha expuesto tanto en la fase previa del proceso, en fase intermedia como una vez concluido el proceso, en la fase del «reencuentro». Estos reencuentros no sólo tienen que ser simbólicos, sino que a veces se pide que sean físicos, dando lugar a situaciones más positivas de lo que se puede uno imaginar[105].

---

104 SAMPEDRO ARRUBLA. J.A., «El proceso penal como encuentro victima-victimario: Reflexión en torno al espacio judicial como escenario de encuentro hacia la reconciliación», en *Revista de Victimología*, online, núm.3.2016, págs.103-104

105 BERISTAIN IPIÑA, narra el reencuentro entre un condenado a cadena perpetua y la víctima, hija de la asesinada y doctora y el juez en ejercicio. El reencuentro se realizó por carta. En él el condenado reconoce su culpa, y tras ella le responde: *«Yo observo que tengo miedo de victimización, miedo de quien hace daño y miedo de quien padece el daño. A pesar de las distancias, tenemos Ud. y yo algo en común: dolor por el mismo motivo. El diálogo con usted. Tiene para mí importancia y trascendencia...»* en: *Victimología Nueve Palabras Clave*, Tirant Lo Blanch. Valencia. 2000. Págs.103-104.

2.4. El valor del perdón entre el ofendido y las victimas

«El perdón libera el alma, hace desaparecer el miedo. Por eso el perdón es un arma tan potente», (Nelson Mandela).

Esta frase fue pronunciada por Nelson Mandela al haber sido liberado tras veintisiete años de cárcel, con ella perdonaba a todos aquellos a quien le habían encerrado y privado de su libertad durante tanto tiempo[106].

Perdonar es un acto de generosidad, supone renunciar al resentimiento, al rencor a la venganza, cancelar de forma voluntaria y gratuita el mal que a uno le han hecho. El perdón, como manifiesta ECHEBURÚA[107], *«no es olvidar, sino implica cicatrizar la herida, y luego más adelante empezar a tener un futuro, con herida sí, pero con vida».* Como dice Kalayjian y Paloutzian, citados por Echeburúa, *«El perdón atenúa las emociones, conductas y juicios negativos»*[108].

Ríos Martín[109], habla del perdón, como uno de los sentimientos últimos que puede aparecer en los

---

106 NELSON ROLIHLAHLA MANDELA, fue uno de los grandes líderes morales y políticos de nuestro tiempo. Su vida fue dedicada a la lucha contra la opresión racial en Sudáfrica. Estuvo encarcelado durante más de veinte años como preso político, fue presidente de su país y fue acreedor del Premio Nobel. Escribió su Autobiografía «El largo Camino hacia la Libertad». En él habla del triunfo de la dignidad y la esperanza sobre la desesperación y el odio; de la reconciliación y del perdón frente a la venganza y la ignominia.

107 ECHEBURÚA, E., «El valor psicológico del perdón en las víctimas y en los ofensores». *Cuaderno del Instituto Vasco de Criminología,* n.º 27, San Sebastián, 2013. págs.65-72.

108 *Ibidem.*

109 RÍOS MARTIN, J.C., «El encuentro personal entre quienes asesinaron perteneciendo a ETA y quienes sufrieron el horro in-

momentos finales de los encuentros restaurativos entre víctima y ofensor, en el que la víctima manifiesta frente a su victimario un deseo de que quede libre o en cierto modo atemperado de dolor. Es el sentimiento más profundo, que aparece cuando alguien además de ser capaz de ponerse en lugar del otro, reconoce que ambos dos son humanos. De esta forma, tras escuchar de una manera sincera por el ofensor, además del reconocimiento de todo el dolor que causó, el sufrimiento que padece, al haberse dado cuenta de todo el daño inhumano que ha causado. Así como tras expresar y contar igualmente al victimario, todo el grave y basto dolor, angustia, abatimiento, congoja, pesar, desasosiego, tristeza que le inunda el cuerpo y el alma, y que le impide en muchos de los casos respirar y seguir viviendo en libertad, se dirige de forma gratuita al ofensor y pronuncia palabras tales como «te perdono», o incluso sin manifestar nada verbalmente, le perdona con gestos o actitudes no verbales (contar lo del joven moribundo nazi...).

El perdón es un acto de libertad, expresado por las víctimas, con una grandeza y calidad humana indescriptible, la mayor si en palabras puede expresarse si cabe, que renuncian a seguir viviendo en un mundo violento, a la Ley del Talión. Es como dice Ríos Martín:

> *«Es toda una lección de todos aquellos que esperan todo tipo de ataques insultos, reproches, y se encuentran con una expresión de comprensión, que transforma su conciencia interna».*

---

justificado. Descripción, análisis y reflexiones», en *Los ojos del otro*, Encuentros restaurativos entre víctimas y ex miembros de ETA, Pascual Rodríguez, E., (coord.), Salterrae, Santander 2013, págs. 216-225.

Sin embargo, el perdón como dice Echeburua es un acto voluntario personal propio e interior de las personas, no se les puede forzar a llevarlo a cabo. Está intrínsicamente vinculado a las cualidades y carácter de las personas. De este modo las personas más optimistas y menos rencorosas, tienen mayor inclinación para perdonar. Y al contrario las más narcisistas y desconfiadas, experimentan un mayor nivel de rencor y les cuestan más conceder el perdón. También exista una relación inmediata entre la inestabilidad emocional y el resentimiento. De esta forma este tipo de personas les cuesta más perdonar, padecen un mayor grado de resentimiento, rencor y desconfiada, a diferencia de las personas emocionalmente estables.

Por otra parte, y en relación con los ofensores y su incapacidad de pedir perdón, se relaciona con los rasgos psicóticos y paranoicos[110].

Echeburúa[111], habla igualmente del efecto psicológico positivo del perdón en la vida, de la liberación que puede llegar a experimentarse con él.

El perdón lo puede realizar directamente la víctima o de forma indirecta otra persona, que puede tener una relación de amistad o familiar con él o incluso una

---

110   En este sentido Echeburua, citando a Mullet, sobre el valor del perdón en las víctimas y los ofensores, considera que el perdón, no vivir atormentado, tener un futuro sin una carga en el alma, tener una mayor calidad de vida, recuperar la paz interior, es lo más importante en la vida.
Sin embargo, considera igualmente que «aquella que vive con odio y rencor, se hace daño a sí mismo». «Supone una insatisfacción personal y un empobrecimiento de su dignidad humana. Porque en definitiva: Sin perdón no hay posibilidad de una vida digna, libre y sin esclavitud».

111   *Ibid.*

organización o asociación de víctimas. Se trataría de una víctima subrogada de la que ya se hablado sobre las diferentes prácticas restaurativas. En este tercer supuesto el efecto psicológico del perdón puede que no sea tan intenso. Incluso algunos autores niegan el valor del perdón por quien lo hace por delegación. Sin embargo, como dice RÍOS MARTÍN[112],

> *«Aunque perdonemos por nuestros familiares, no perdonamos por delegación, sino que todos somos parte de nuestros seres queridos, y hemos creado parte de nuestro dolor, y en ese sentido, también ellos forman parte de nosotros. Por ello cuando perdonamos también ellos están perdonando».*

Por último, para terminar este apartado sobre el valor del perdón, habría que hablar de la reconciliación, como el último término del proceso restaurativo. La reconciliación implica algo más que el perdón. El perdón es un acto individual y una muestra de generosidad de la víctima, mientras que la reconciliación exige el encuentro entre ofendido y ofensor, como dice RÍOS MARTÍN, *va más allá de lo individual trasciende a lo social, para evitar que las agresiones y la violencia pasada no vuelva a repetirse en un futuro.*

---

112 RÍOS MARTÍN, J., habla del valor del perdón por delegación en los *Los ojos del otro* Cita a Simon Wiessenthal, en su libro *Los límites del perdón*, en el que narra la historia de cómo él y otros presos judíos fueron conducidos a un hospital, y como una enfermera se le acercó pidiéndole que le acompañara. Le llevó a una habitación donde se encontraba un joven alemán perteneciente a las SS, que le narró como había realizado verdaderas atrocidades contra los judíos. Así cómo había sentido la necesidad de contarlo a un judío y pedir perdón por ello.

III. La regulación actual de la justicia restaurativa en el sistema de justicia penal español

3.1. La Justicia restaurativa como modelo complementario del sistema de justicia penal

Atendiendo al tipo de relación con el sistema de justicia penal, la justicia restaurativa puede ser complementaria, alternativa o ajena al proceso penal. En este sentido vamos a analizar los diferentes modelos de justicia restaurativa existentes y ver cuál es el modelo que se sigue en España y cómo se ha regulado con la nueva Ley Orgánica 1/2025 de 2 de enero en materia de eficiencia.

A. Sistemas alternativos al sistema de justicia penal tradicional

Estos sistemas son propios de los países anglosajones *(common law)* y del norte de Europa, en los que opera el principio de oportunidad. El principio de oportunidad como dice GIMENO SENDRA[113],«*Constituye un presupuesto necesario para el ejercicio de las prácticas*

---

113   Como dice GIMENO SENDRA, V., constituye una condición de éxito, en «El principio de oportunidad y la mediación penal», en S. CALAZA LÓPEZ & J.C. MUNIELO COBO (dirs.), *Postmodernidad y proceso europeo: la oportunidad como principio informador del proceso judicial,* Madrid: Dykinson, Madrid, págs. 237-256. Gimeno Sendra igualmente señala que el proceso penal está regido por el principio de legalidad procesal, cuando cometido un hecho ilícito de apariencia delictiva se incoa el proceso penal y ha de continuarse mientras existan indicios de su comisión y de la existencia de un presunto autor, sin que pueda existir entrada al principio de oportunidad.

restaurativas para su éxito». En estos sistemas, las partes disponen de amplia libertad para decidir si inician o no el proceso penal, incluso una vez iniciado, si deciden acordar o no, su continuación[114]. En este sentido se habla de los ADR (por sus siglas en inglés: *Alternative Dispute Resolution*)[115].

B. Sistemas complementarios

Propios de los sistemas judiciales continentales *(civil law)*, como el caso de España, intrínsicamente vinculados con los tribunales. Los sistemas continentales son aquellos en los que concurren el principio de legalidad y el de oficialidad y que dejan poco o nada de margen al principio de oportunidad, que como hemos dicho, podrían permitir aplicar los sistemas de justicia restaurativa alternativos. Por cuanto una vez ejercitada la acción penal y cómo ya hemos manifestado, el Ministerio Público debe continuar con el ejercicio de la acusación pública, —concurriendo todos los presupuestos de legalidad previstos para ello—, ajenos a cualquier

---

114 GERMAN I, antes citada, ob. cit, en su tesis: *«La construcción de la verdad en la justicia penal restaurativa intrajudicial...»*, pág.83. Indica que la justicia restaurativa como alternativa al sistema de justicia penal tradicional exige la aplicación del principio de oportunidad. La asunción de mismo implica una disponibilidad del ejercicio de la acción penal, no sólo en un primer momento al decidir o no ejercitar la acción, dando lugar a la incoación del proceso penal, sino incluso en un momento posterior, una vez iniciado, al retirar la acusación ya iniciada con la correspondiente autorización penal.

115 Como dice VARONA, G, en *Justicia Restaurativa desde la Criminología: mapas para un viaje inicial,* op. cit, pág. 10. *«Los ADR, buscan una mayor participación de las propias partes y no tanto la del juez».*

apreciación subjetiva propia o impropia[116] . Lo que deja muy escaso margen para la aplicación del principio de oportunidad, como podrían ser el sistema de conformidades del proceso penal español[117].

C. Sistemas ajenos al proceso y la ejecución

Son aquellos que buscan una restauración emocional en relación con el dolor ocasionado[118].

Descendiendo a la nueva LOMESPJ, en la exposición de motivos se declara expresamente, que en el proceso penal los MASC, (medios adecuados de solución de controversias no jurisdiccionales), están excluidos de su ámbito de aplicación. Y ello por cuanto en el proceso penal rige el proceso de oficialidad, no tiene carácter dispositivo y no queda en manos de las partes la solución de las controversias. No obstante, —sigue diciendo— las víctimas tienen el derecho de acceder a los servicios de justicia restaurativa para obtener una reparación material y moral.

---

116   Así lo manifiesta MORENO CATENA, V &CORTES DOMÍNGUEZ, V, en su manual de Derecho procesal penal

117   Como dice de la CUESTA &GERMAN, I, *La justicia restaurativa en España,1.ª ed. Madrid,* 2022, pág.4. En los ordenamientos continentales apenas hay supuestos en los que se aplique el principio de oportunidad. Un ejemplo es el previsto en la LECRIM española, en el art. 963 aplicable a los delitos leves, se introdujo la posibilidad del sobreseimiento por razón del principio de oportunidad.

118   SOLETO, Helena, *Op. Cit,* en *Aportaciones internacionales al desarrollo de la justicia restaurativa en España,* págs..83-84. Considera que los sistemas de justicia restaurativo en nuestro sistema penal son meramente complementarios. La consecución de un acuerdo, con la consiguiente reparación en su caso, puede conllevar una serie de reducciones de la pena o su su caso su sustitución, suspensión o beneficios penitenciaros.

La, Disposición Adicional Novena de la LECRIM, declara que la Justicia Restaurativa, es un sistema complementario al sistema de justicia penal tradicional, que vamos a proceder a analizar en el siguiente apartado.

3.2. La justicia penal restaurativa intrajudicial[119]. Casos mediables

La derivación en el proceso penal de un asunto penal a un proceso restaurativo exige determinar en primer lugar, que asuntos desde el punto de vista objetivo son derivables a un proceso de este tipo. Como ya se ha manifestado en esta segunda parte de este trabajo, se prohíbe expresamente la justicia restaurativa para los supuestos de violencia de género y violencia sexual[120] y ello aun cuando existen múltiples voces, como dice IGARTUA que consideran que estos supuestos no deberían ser prohibidos de forma automática, sino que habría que analizar caso por caso, ya que nos encontramos ante *«Un escenario actual de prohibiciones generalizadas e injustificadas»*[121].

---

119 Se va a seguir el protocolo de derivación a mediación penal del CGPJ y conforme lo dispuesto en la LOMESPJ acordado por el CGPJ. La mediación penal se considera como la práctica restaurativa más usual y la prevista para el sistema institucional de justicia restaurativa.

120 En el siguiente apartado 3 se tratará sobre estos supuestos.

121 IGARTUA LARAUDOGOITIA, I. «victimidad, vulnerabilidad e incapacidad de las víctimas como falsos sinónimos. reflexiones y certezas en torno al veto generalizado a la mediación en violencia de género y violencia sexual en la normativa española», pág. 29

En segundo lugar, una vez nos encontramos con un caso derivable, corresponde determinar si puede o no remitirse a las prácticas restaurativas, y en su caso a mediación penal. El CGPJ establece una lista de delitos que son sometidos con mayor frecuencia, sin que esto no impida su utilización para cualesquiera otros a excepción de los supuestos de exclusión[122]. De este modo se consideran mediables:

- Delitos contra Delitos contra la vida y la integridad física: lesiones y homicidio.
- Delitos contra la libertad: amenazas y coacciones.
- Delitos contra la intimidad y la inviolabilidad del domicilio: allanamiento de morada.
- Delitos contra el honor: calumnias e injurias.
- Delitos contra las relaciones familiares: delitos contra los deberes y derechos familiares, delito de abandono de familia.
- Delitos contra el patrimonio: hurto, robo en todas sus modalidades, hurto de vehículo de motor, apropiación indebida, estafa, usurpación, defraudación, daños, relativos a la propiedad industrial e intelectual y delitos societarios.
- Delitos contra el orden público: delito de atentado, resistencia y desobediencia.

No obstante, de acuerdo con la estadística ofrecida por el CGPJ sobre los asuntos sometidos a mediación penal, en la práctica se consideran especialmente mediables los tipos de delitos contra la integridad física

---

122 La Guía sobre la Mediación intrajudicial a la que anteriormente nos hemos dirigido establece una lista de delitos mediables con carácter ejemplificativo, atendiendo al bien jurídico protegido, *op. cit.* Pág. 159.

y la libertad, especialmente las amenazas y los delitos contra el patrimonio[123]. En la práctica y de acuerdo con los resultados expuestos en las estadísticas ofrecidas por el CGPJ especialmente se someten a mediación los delitos leves, dado la problemática personal de las partes en conflicto.

Una vez determinado su posible sometimiento a mediación, es necesarios que se cumplan una serie de garantías y que sea el Juez o Tribunal el que decida su derivación a mediación penal.

3.3. Sistema de derivación a justicia restaurativa. Garantías

A. Garantía de autonomía

El proceso restaurativo penal es un proceso completamente voluntario[124]. En este sentido es necesario que

---

123 De acuerdo con los datos estadísticos incorporados por el CGPJ al servicio de planificación y análisis de la actividad judicial, durante el primer semestre de 2011, los tipos de infracciones penales que fueron sometidas a mediación penal fueron especialmente los delitos de amenazas, 14 %; los daños, 5 %; hurto, 4 %, injurias, 5 %, lesiones, 34 %; y maltrato el 4 %. Y en faltas, ahora delitos leves, también las amenazas, 25 %; los daños, 4 %; hurto, 3 %, injurias, 10 %, lesiones, 16 %; maltrato el 3 %; y quebrantamiento de condena, 3 %; y otros 35 %.

124 La Recomendación (2018)8 alude en varios de sus artículos al hecho de que el consentimiento deba ser otorgado libremente. Así, el artículo 3, en el apartado II, sobre las definiciones y principios de funcionamiento generales, se establece que la justicia restaurativa hace referencia a cualquier proceso que permita a aquellas personas dañadas por el delito y a las personas responsables del daño a participar activamente, si dan su consentimiento libremente para ello.

las partes que se van a someter a los procedimientos de justicia restaurativa sean informadas de sus derechos, de las consecuencias del mismo y de su naturaleza. Se requiere por tanto el consentimiento válido y libre, emitido por la víctima e infractor[125]. Además, éste puede revocarse en cualquier momento del proceso sin ningún tipo de consecuencia ni penalización.

El contenido de la información y su tratamiento variará si estamos hablando de víctima o de infractor. La víctima de acuerdo con lo dispuesto en los arts. 5.1 k) y 15 del del EV, deberá recibir información exhaustiva e imparcial sobre su contenido, de acuerdo con sus características personales, el tipo de delito cometido y si es posible la justicia restaurativa y las consecuencias que el proceso restaurativo ocasionarán al infractor y en su caso para la víctima.

En relación con el infractor a diferencia de aquella no están especialmente previstas, sin embargo, el proceso requiere su consentimiento y por tanto deberá ser informado de su alcance, contenido y de las consecuencias de la misma. Una vez prestado el consentimiento, como se establece en la citada guía de derivación a mediación intrajudicial, los abogados de las partes desarrollan un importante papel como orientadores jurídicos, al objeto de que las partes entiendan las consecuencias de la derivación a tales prácticas. De este modo el juez de oficio o a instancia de parte podrá derivar el asunto a mediación y lo comunicará a las partes y a sus abogados y los efectos procesales de la misma, siendo los encargados de orientar y explicarlas a las víctimas e

---

125 Al tratar la justicia restaurativa en fase intrajudicial, la posición procesal del infractor será de encausado, acusado o condenado en su caso, según la fase en que se encuentre el proceso, al derivar a la justicia restaurativa.

infractores, la conveniencia y los beneficios procesales de someterse a aquellas prácticas. Según manifiesta SUBIJANA, J.[126], los beneficios de los acuerdos reparadores alcanzados, antes del juicio a través de la mediación, *«desautorizan la abrogación factual del orden jurídico que supuso el delito por él cometido, y reconoce lo injusto del daño ocasionado a la víctima»*. Lo que justifican la aplicación en su caso de la circunstancia atenuante de reparación del daño ocasionado del art. 21.5 del Código Penal, lo que a efectos prácticos de imposición de la pena, conllevaría bien la imposición de la pena inferior en uno o dos grados o en su mitad inferior según se apreciase como circunstancia atenuante muy cualificada o simple[127].

B. Garantía de protección de las víctimas

De acuerdo con lo dispuesto en el art. 15. 1.d) del EV se exige que con las prácticas restaurativas no se ponga en riesgo la seguridad de la víctima, ni le pudiera ocasionar perjuicios materiales o morales para la víctima. Para ello se tendrá en cuenta en el momento de la derivación la naturaleza del delito, el daño causado o la existencia de un contexto de violencia psicofísica o sexual o los desequilibrios de poder entre las partes que determinen la no conveniencia de derivarse a un proceso de mediación, es lo que en palabras de

---

126 SUBIJANA ZUINZUNEGUI J.I., & PORRES GARCÍA, I., «La viabilidad de la justicia terapéutica, restaurativa y procedimental», *en Cuadernos de Jose María Lidón, nú.9/2013, Bilbao, págs. 21-58*

127 Las reglas de aplicación de las penas en relación con la aplicación de la circunstancia atenuante como muy cualificada o simple a efectos penalógicos se encuentra prevista en el art. 66. 1.1.º y 2.º del CP

GEMAN I, «*La desigualdad epistémica en el proceso de comunicación en la justicia restaurativa intrajudicial*»[128]. Ahora bien, esto no excluye que víctimas especialmente vulnerables, como las discapacitadas puedan someterse a estos procedimientos con plenas garantías.

Dentro de esta garantía de protección, se incluyen las medidas para la confidencialidad de lo tratado dentro del proceso. La Directiva 2012/129 del Parlamento Europeo y del Consejo de 25 de octubre de 2012, establece que los debates en los procesos de justicia restaurativa que no se desarrollen en público serán confidenciales, salvo acuerdo de las partes o cuando se trate de asuntos de interés nacional[129]. Y esta confidencialidad de lo tratado debe tener un especial cuidado cuando se trata de los encausados- infractores, en concreto cuando no se llega a un acuerdo, en cuyo caso el órgano juzgador no debe tener conocimiento de todo ello[130]. La Ley establece que en caso de acuerdo se emitirá un informe positivo, que se entregará a las partes, pero que no puede hacer constar ni indicar el contenido de las discusiones y comunicaciones mantenidas por las partes durante las prácticas restaurativas mantenidas.

---

128   Sobre el desequilibrio de fuerza entre víctima e infractor, German I, habla en su tesis, ob. cit, sobre la desigualdad epistémica derivada de la dominación del victimario sobre la víctima. Estas situaciones de dominación, sigue diciendo, pueden proceder de motivos personales (por padecer la víctima trastornos adictivos, ser menor de edad, anciana, entre otros), o en casos en los que su libertad de actuar queda condicionada a la voluntad arbitraria de otra persona, lo que podría dar lugar a un proceso de revictimización al enfrentarse de nuevo frente a su infractor. Págs. 150-155

129   Art. 12.1e) de la Directiva 2012/29, del Parlamento Europeo.

130   SOLETO, H., ob. cit «Aportaciones Internacionales al desarrollo de la Justicia», págs101-103.

C. Garantía de trato como inocente del investigado o encausado

De acuerdo con lo expuesto en la *Guía del CGPJ*, la derivación de la causa a mediación penal, antes de las fases de ejecución, exige un reconocimiento de los hechos por el encausado.

El principio de presunción de inocencia pude ser tratado como regla de tratamiento o regla de juicio[131]. Como regla de tratamiento exige tratar al acusado como inocente hasta que se dicte sentencia firme de culpabilidad y como regla de juicio exige que la sentencia condenatoria se basa en una fundamentada prueba de cargo que enerve el principio de presunción de inocencia. En consecuencia, la derivación al proceso restaurativo implica que el infractor, encausado y/o acusado debe reconocer los hechos por los que se le acusa.

D. Garantía de reparación

La garantía de reparación de acuerdo con lo expuesto en la guía del CGPJ sobre la práctica de la mediación consistirá en la restauración del conflicto ocasionado por el ilícito penal cometido. Los motivos que se tienen en cuenta para esta reparación serán:

---

131 En el asunto Lizaso Azconobieta contra España, El Tribunal Europeo de Derechos Humanos dictaminó que. «las declaraciones del Gobernador civil, en la medida en que reflejan una apreciación previa de los cargos que pueden ser imputados al demandante y proporcionan a la prensa la identificación de este último, no se concilian con el respeto a la presunción de inocencia». En este caso el principio de presunción de inocencia es tratado en este caso como regla de tratamiento. Su desarrollo se lleva a cabo en el Anexo jurisprudencial.

1.º Evitar la reiteración de los mismos conflictos

Con estas prácticas restaurativas se intentará modificar las relaciones habituales de las personas incursas en conflictos de naturaleza familiar, sanitario, educativo, profesional o social, para evitar que la repetición de estos comportamientos genere de nuevo conflictos similares.

En estos supuestos podría incluirse especialmente los supuestos de violencia intrafamiliar de hijos a padres o frente a otros miembros del grupo familiar, o la violencia contra mayores, cometida no sólo por sus propios familiares, sino también por terceras personas, instituciones residenciales o socio-sanitarias que tengan relación con la víctima[132].

2.º El interés de las partes

En el caso del infractor la reparación no sólo implicará una rehabilitación moral sino materialmente una serie de beneficios penales de atenuación o suspensión en el cumplimiento de la pena o en su caso penitenciarios en fase de ejecución de la pena[133]. Ahora bien, este reparación no puede confundirse con una forma de beneficio penal o penitenciario obtenido de forma

---

132   La violencia contra mayores de sesenta y cinco años de edad se ha incrementado desde el año 2019 en un 41,55 %. Datos estadísticos proporcionados por el Instituto de Empleo Español. www.ine.es

133   El art. 21.5 del CP, prevé la atenuación de la pena como consecuencia de la reparación de la víctima y en materia de concesión de la suspensión de la ejecución de las penas privativas de libertad, el art. 84.1.1.ª, establece que el juez o tribunal puede condicionar la suspensión de la ejecución de la pena privativa de libertad al cumplimiento del acuerdo de mediación a la que las partes hayan llegado.

automática por el mero sometimiento a la misma, ajena al fin de la reparación y rehabilitación de las partes; por eso este tipo de reparación no se lleva a cabo con delincuentes habituales o reincidentes, los cuales quedarán excluidos de estas prácticas, bien en un momento previo cuando el juez, tras oír al Ministerio fiscal considere apropiado derivar el asunto a mediación o no, o incluso en un momento posterior, por el propio mediador o facilitador, que ejerce un control continuo sobre todo el proceso de mediación, cuando considere que el victimario no empatiza con la victima o no asume la responsabilidad del ilícito cometido[134].

En cuanto a los medios utilizados para conseguir la reparación, se utilizarán una serie de medios materiales, morales, y económicos. Nuestro Código Penal establece en el art. 110 que la responsabilidad civil derivada del delito podrá consistir, bien en la restitución del bien, —lo cual en muchos de los casos es imposible—; en la reparación del daño; o en la indemnización de los daños y perjuicios ocasionados. Así mismo, continúa diciendo el mismo cuerpo legal que la reparación podrá consistir en dar, hacer o no hacer, que el juez o tribunal establecerá, teniendo encuentra determinados elementos personales, patrimoniales y del culpable.

El Tribunal Supremo se ha pronunciado en jurisprudencia constante a la hora de interpretar y determinar cuándo procede la aplicación de la atenuante de reparación del daño, determinando que el fundamento de la misma se encuentra en: «*La existencia de un actus contrarius mediante el cual el acusado reconoce la*

---

134 SOLETO, H, ob. cit, «Aportaciones en el desarrollo de la justicia», pág.104.

infracción de la norma cometida, con la consiguiente compensación de la reprochabilidad del autor»[135].

El Tribunal Supremo, Sala de lo Penal se pronuncia igualmente en Sentencia de 13 de octubre de 2025[136]

---

135 El Tribunal Supremo, Sala de lo Penal en Sentencia de 25 de septiembre de 2014, núm.616/2014 (ECLI:ES:TS:2014:3855) que: *«en el art. 21.5 del CP —decíamos en la STS 988/2013, 23 de diciembre—, ha asociado su fundamento material a la existencia de un actus contrarius mediante el cual el acusado reconoce la infracción de la norma cometida, con la consiguiente compensación de la reprochabilidad del autor (cfr. SSTS 319/2009, 23 de marzo, 542/2005, 29 de abril). Su razón de ser, pues, está íntimamente ligada a la existencia de un acto reparador que, en buena medida, compense el desvalor de la conducta infractora. Y ese fundamento no es ajeno a la preocupación legislativa, convertida en pauta de política criminal, por facilitar la protección de la víctima, logrando así, con el resarcimiento del daño causado, la consecución de uno de los fines del proceso. Por su fundamento político criminal se configura como una atenuante "ex post facto", que no hace derivar la disminución de responsabilidad de una inexistente disminución de la culpabilidad por el hecho, sino de la legítima y razonable pretensión del legislador de dar protección a la víctima y favorecer para ello la reparación privada posterior a la realización del delito (SSTS 2068/2001, 7 de diciembre; 2/2007, 16 de enero; 1171/2005, 17 de octubre). Y hemos acogido un sentido amplio de la reparación, que va más allá de la significación que se otorga a esta expresión en el art. 110 del CP, pues el art. 110 se refiere exclusivamente a la responsabilidad civil, diferenciable de la responsabilidad penal, a la que afecta la atenuante. Cualquier forma de reparación del delito o de disminución de sus efectos, sea por la vía de la restitución, de la indemnización de los perjuicios, de la reparación moral o incluso reparación simbólica, puede integrar las previsiones de la atenuante (SSTS 545/2012, 22 de junio; 2/2007, 16 de enero; 1346/2009, 29 de diciembre y 50/2008, 29 de enero, entre otras)».*

136 El Tribunal Supremo, en Sentencia de la Sala de lo Penal núm.521/2015, de fecha 12 de octubre de 2015, en relación

sobre el valor de la reparación llevada a cabo por los condenados en un delito medioambiental, consistente en un abono económico llevado a cabo con carácter previo al juicio oral. Manifestando que esta «reparación ha justificado la apreciación de una atenuante de reparación. La reparación como causa de atenuación, en su caso la específica del art. 340 CP, puede tener esa configuración más bien simbólica y no reconducible a las fórmulas más rígidas y estrictas del art. 110 CP».

3.4. Poder de derivación y su tramitación en el proceso penal[137]

Una vez determinado el carácter de mediable, será el Juez o Tribunal los que tomarán la decisión de someterlo a estas prácticas a través de providencia o auto motivado[138]. No obstante, aunque se establece que la decisión podrá tomarse de oficio o a instancia de parte, la derivación tiene carácter potestativo para el órgano juzgador, quien a la vista de lo anterior, será en último lugar, con independencia del delito (salvo los casos de exclusión) y las circunstancias de víctima y ofensor el

---

con el delito medioambiental, analiza el valor de la reparación efectuado por uno de los condenados, consistente en el pago del abono económico con carácter previo al juicio oral que ha sido apreciado como atenuante de reparación del art. 21.5 del CP. Analiza la naturaleza y el valor de esa reparación al amparo del art. 340 del CP.

137 La exposición y desarrollo del proceso restaurativo en el procedimiento penal se realiza de acuerdo con la guía para práctica de la mediación intrajudicial del CGPJ.

138 La LECRIM establece en su Disposición Adicional Novena, que «será el juez o tribunal el que decidirá someterlo a las prácticas restaurativas *valorando las circunstancias del hecho, de la persona investigada, acusado o condenada y de la víctima*».

que decidirá, teniendo en cuenta como dice SUBIJANA[139], «su cultura restaurativa y afinidad a la misma», lo que puede «quebrar el principio de seguridad jurídica, en términos incompatibles con la igualdad».

En cuanto al momento en que se procede a derivar el asunto a la justicia restaurativa, la LECRIM establece que puede ser llevada a cabo tanto en fase de instrucción, de enjuiciamiento y en ejecución de sentencia. Por tanto, será el juez de instrucción, el juez de lo penal, o el tribunal encargado el que acordará su derivación, dependiendo si se trata de un proceso por delito leve, menos grave o grave. No obstante, como sigue diciendo SUBIJANA, I./PORRES/SANCHEZ[140]quedarían excluidos de someterse a mediación los casos de enjuiciamiento rápido y enjuiciamiento inmediato por delitos leves en el servicio de guardia, previstos en el art. 962 Y 964 de la LECRIM, habida cuenta que *«no existe un margen temporal para la habilitación del espacio de comunicación necesario para llevar adelante el proceso restaurativo»*, ya que el procedimiento en que se tramite debe permitir un diálogo entre las partes, lo cual dada la inmediatez y rapidez de aquellos lo hace prácticamente inviable.

---

139 SUBIJANA, I.J., «La mediación penal intrajudicial en la Comunidad Autónoma del País Vasco: consideraciones a la luz de los datos ofrecidos por la primera memoria elaborada tras la aprobación, en junio de 2011, de la última versión del protocolo de funcionamiento del servicio de mediación intrajudicial», *Oñati Socio-Legal Series*, 4(3), 2014. pág.356.

140 SUBIJANA, I.J, PORRES GARCÍA I., SÁNCHEZ RECIO, M., «El modelo de justicia restaurativa: una propuesta de aplicación tras la entrada en vigor de la ley 4/2015 del estatuto de la víctima del delito». *Revista de Victimología*. Huygens. Barcelona. 2015 n.º 2, págs.136

A. Procedimiento previsto para el enjuiciamiento ordinario por delitos leves

En este tipo de procedimientos se puede acordar su derivación a un procedimiento restaurativo, desde el auto de incoación del procedimiento por delito leve, hasta la celebración del juicio oral del art 965 de la LECRIM. Derivado y tras la fase de acogida en la que el facilitador o mediador en su caso, valorará si procede iniciar el encuentro dialogado y una vez concluido, se alcanzará la fase de posible acuerdo[141]. Este proceso de remisión según la LECRIM no puede exceder de tres meses prorrogables por igual período de tiempo.

Se distingue si las partes llegan o no a un acuerdo una vez concluído el proceso restaurativo.

a) Si concluye sin acuerdo

Se remite por el Servicio de Justicia Restaurativa o Mediación al juzgado sin indicar los motivos del mismo, ni el contenido de las comunicaciones mantenidas por las partes, y el procedimiento seguirá con la celebración del juicio oral.

b) Si el proceso restaurativo concluye con acuerdo entre las partes

Se extenderá acta de reparación en la que se incluirá el extremo si la víctima mantiene o no la denuncia formulada en su día, comunicándose a las partes, al juzgado y al Ministerio Fiscal, para que valore la oportu-

---

141 *Idem,* El mediador será el que, tras conocer el conflicto, a la víctima y al victimario, el verdadero interés e las partes en la mediación y teniendo en cuenta que no sea perjudicial para ninguna de las partes, decidirá el sometimiento al proceso de mediación. El proceso de me

nidad de solicitar el sobreseimiento del procedimiento y su archivo[142]. En caso contrario se celebrará el juicio, salvo que se trate de un delito perseguible únicamente a instancia de la víctima y ésta confiera el perdón en el acta de reparación o tras la misma, en cuyo caso se acordará la extinción de la responsabilidad criminal, acordando el sobreseimiento del procedimiento y su archivo, dejando sin efecto las medidas cautelares que se hubieran acordado en su caso[143]. Si se celebra el juicio con el acta de reparación, aquel puede concluir con una sentencia de conformidad.

B. Fase de instrucción

La derivación al proceso restaurativo se podrá realizar en cualquier momento de la instrucción y antes de la conclusión de las diligencias previas en procedimiento abreviado o de transformación en delito leve, sin perjuicio de la práctica de las diligencias indispensables para la comprobación de la existencia del delito. Finalizada la restauración o mediación, se comunicará al juzgado

---

142　De acuerdo con lo previsto en la LECRIM y la Circular 1/2015 de la Fiscalía General del Estado se acordará el sobreseimiento, cuando el delito leve resulte de muy escasa gravedad a la naturaleza del hecho, sus circunstancias y las personales del autor. O no exista un interés público relevante en su persecución. En los delitos patrimoniales leves, se entenderá que no existe este último cuando se hubiera procedido a la reparación del daño y no exista denuncia del perjudicado.

143　El perdón del ofendido sólo opera como causa de extinción de responsabilidad criminal, cuando se otorga de forma de expresa y cuando se trate de delitos leves perseguibles a instancia del agraviado, como son los delitos de descubrimiento y revelación de secretos, las calumnias e injurias y daños causados por imprudencia grave *STS (SALA 2.ª), de 19 de julio de 2017, rec 574/2017.*

la finalización con el acta de reparación. En la misma si el investigado o encausado, asistido de su abogado, reconoce los hechos a presencia de su abogado, el juez acordará la conclusión de la misma y remisión de la causa al órgano competente para la celebración del juicio de conformidad con los términos del art. 801 de la LECRIM, si se trata de un juicio rápido o para dictar sentencia de conformidad de acuerdo con los términos del art. 787 ter de la LECRIM[144].

C. Fase de enjuiciamiento

Si el proceso restaurativo concluye con el acta de reparación, las partes víctima y ofensor entregarán el acta de reparación a sus abogados para que gestionen el acuerdo restaurativo con el órgano enjuiciador de acuerdo con los trámites del juicio de conformidad del art. 787 ter de la LECRIM.

Las partes no pueden supeditar la firma del acuerdo de mediación a la rebaja de la pena, ni al compromiso de que en una posterior conformidad penal se pudiese aplicar la atenuante de reparación del daño como muy cualificada, ya que esto no puede ser objeto de mediación penal[145]

---

144 Con la LOMESPJ se introducen los nuevos art s.787 ter y 655 de la LECRIM en los que se elimina el límite penológico de los seis años para dictar sentencia de conformidad tanto en el procedimiento abreviado como en el ordinario.

145 Dice Magro Servet, en el artículo sobre cómo reducir la carga de trabajo de los órganos judiciales del orden penal con la justicia restaurativa, la rebaja de la pena en la conformidad puede ser el fin, pero nunca puede ser el medio para así obtenerla.

La vía de la conformidad penal antes de la celebración del juicio oral supone una disminución en la celebración de juicios orales, al poder pactarse la conformidad con carácter previo al juicio en la comparecencia del art. 785 de la LCRIM o en el propio juicio oral. Con la nueva LOMESPJ, se ha suprimido el tope de los seis años de prisión para las nuevas conformidades[146]

Las partes entrarán en la Sala el día señalado para el juicio oral y expondrán los acuerdos ante el juzgador/es. También cabe que se presente escrito conjunto de calificación del Ministerio Fiscal y del letrado en el que se recojan las variaciones de calificación y penológicas de los acuerdos alcanzados.

La sentencia de conformidad incluirá los acuerdos restaurativos alcanzados por las partes. En este sentido, y de acuerdo con la guía de mediación intrajudicial del CGPJ, la reparación se llevará a cabo de acuerdo con el plan restaurativo en la forma que las partes hayan acordado. Esta se podrá incluir como contenido de la responsabilidad civil derivada del delito del art. 110 del CP[147] o como regla de conducta del art. 83 cuando se acordase la suspensión de la condena.

---

146 El art. 785 de la LECRIM, tras la modificación de la LOMESPJ, introduce la audiencia preliminar, en la que el o los acusados podrán llegar a una conformidad sin límite penológico de los seis años como se establecía en la legislación anterior.

147 Aunque la mediación penal puede alcanzarse aun cuando no se haya abonado la totalidad de la cantidad exigida en concepto de responsabilidad civil por la acusación, la jurisprudencia exige al menos el pago del 75 % al momento de la mediación y el resto aplazado, a fin de alcanzar el acuerdo de mediación y posteriormente el acuerdo de conformidad con la aplicación de la atenuante de reparación del daño del art. 21.5 del CP. En este sentido el Tribunal Supremo, Sala de lo Penal se ha pronuncia-

D. En fase de ejecución

Cuando en la sentencia no hubiese un pronunciamiento sobre la suspensión de la ejecución de la pena de prisión, tras su firmeza, se podrá derivar a las partes a un proceso restaurativo. El acuerdo restaurativo alcanzado, podrá ser una de las condiciones impuestas para la suspensión de la ejecución de la pena de prisión, o el contenido de los trabajos en beneficio de la comunidad. En él se fijará que el acusado ha satisfecho la responsabilidad civil impuesta.

IV. Prohibición de la justicia restaurativa para los delitos de violencia de género y delitos sexuales

4.1. En nuestro sistema normativo español

En la actualidad nuestro sistema legislativo con la reforma operada por la LOMESPJ ha prohibido de forma expresa la mediación penal y cualesquiera de los medios adecuados de solución de controversias, para los delitos de violencia de género y delitos sexuales[148]. Para los delitos sexuales la prohibición fue introducida por la Ley Orgánica 10/2022, de 6 de septiembre, de garantía integral de la libertad sexual, en el que se introduce una importante modificación en el Estatuto

---

do en Sentencia 84/2025 de 5 de febrero, Rec. 5252/2022 cuyo desarrollo se realiza en el Anexo jurisprudencial.

148   El art. 89 de la LOPJ, regula la competencia de las Secciones de Violencia sobre la Mujer de los tribunales de instancia. Dentro de las cuales se regulas los delitos de violencia de género y delitos sexuales.

de la Víctima[149] ampliando en relación con los derechos de la víctima, la prohibición de la mediación y conciliación tanto a los supuestos de violencia de género como para los delitos sexuales. Con anterioridad a la reforma operada por la LOMESPJ, el modelo legal español establecía de forma generalizada la prohibición de la mediación penal en los supuestos de violencia contra la mujer. El artículo 87 ter apartado 5.º de la LOPJ, materializaba esta prohibición general en el marco de la delimitación de la competencia de los juzgados de violencia contra la mujer, que fue introducido por el art. 44 de la Ley Orgánica 1/2004, de 28 de diciembre, de Medidas de Protección Integral contra la Violencia de Género (en adelante LOVG)[150].

---

149 El EV establece en apartado 1 de su artículo 3, que: «1. Toda víctima tiene derecho a la protección, información, apoyo, asistencia, atención y reparación, así como a la participación activa en el proceso penal y a recibir un trato respetuoso, profesional, individualizado y no discriminatorio desde su primer contacto con las autoridades o funcionarios, durante la actuación de los servicios de asistencia y apoyo a las víctimas y, en su caso, de justicia restaurativa, a lo largo de todo el proceso penal y por un período de tiempo adecuado después de su conclusión, con independencia de que se conozca o no la identidad del infractor y del resultado del proceso. En todo caso estará vedada la mediación y la conciliación en supuestos de violencia sexual y de violencia de género».

150 Fue introducida la prohibición mediante enmienda del Grupo Parlamentario Convergència i Unió (Enmienda 431) a «los efectos de adicionar apartado nuevo quinto) al artículo 87 ter de la Ley Orgánica 6/1985, de 1 de julio, del Poder Judicial, contenido en el artículo 37 (competencia) del referido texto»: «En todos estos casos está vedada la mediación». Justificaba la pretensión argumentando «La inadecuación de la mediación cuando existe violencia es una afirmación generalizada en todos los foros especializados, pero aún se producen situaciones de hecho en las que en la práctica se reconduce a la

En cuanto a los motivos por los que se prohíbe de forma generalizada la utilización de la mediación penal y ahora extensiva a cualquier práctica restaurativa para los delitos de violencia de género y delitos sexuales, se habla de un desequilibrio de poder, de desigualdad entre la víctima e infractor. Sin embargo, también resulta discriminatorio para quien voluntariamente queriéndose someter a este tipo de prácticas restaurativas en condición de víctima y victimario de forma voluntaria y actuando con consentimiento de aquella, no puede acceder a las mismas dada la prohibición para este tipo de delitos en relación con la tipología de otras figuras delictivas, vetando la posibilidad de ser escuchadas[151]. No existe ninguna referencia ni explicación de cuáles han sido los motivos objetivos por los que de forma tan tajante y contundente se excluye la mediación y ahora la justicia restaurativa por el Estado Español. Se habla como ya hemos manifestado de la posición de desigualdad y de desequilibrio en que se encuentra la víctima. Es cierto que cuando se dictó la

---

mediación». La enmienda fue defendida y aprobada en sesión plenaria del Congreso de fecha 07-10-2004

151Como dice IGARTUA, I (2024:5-7), se trata de una profunda discriminización e «infantilización de las víctimas», en relación con las víctimas de otros delitos graves-frente a los que no existe prohibición-pese a su gravedad, como pudieses ser un delito de sangre o de terrorismo, o frente a las víctimas de los delitos cometidos por menores. En este sentido el art. 19.2 de la LO 5/2000, reguladora de la responsabilidad penal de menores, establece el principio de oportunidad, en el ejercicio de la acción penal permitiendo incluso en los supuestos de violencia contra la mujer en los que exista conciliación victimaria-víctima, que la víctima lo pida expresamente y que lleve al desistimiento del ejercicio de la acción penal, y que además hubiera realizado la medida accesoria de educación sexual y de educación para la igualdad.

LOVG en el año 2004, el artículo 10 de la Decisión Marco 2001/220/JAI del Consejo de la Unión Europea, sobre Principios Básicos relativa al Estatuto de la Víctima en el proceso penal, se limitaba a ordenar a los Estados miembros que procurarán impulsar la mediación para las infracciones que «a su juicio se presten a este tipo de medida», de manera que correspondía a los Estados miembros la determinación de las infracciones para las que se permite la mediación. No obstante, los estados miembros debían utilizar criterios objetivos a la hora de determinar los tipos de infracción para los que se considera inadecuada la infracción y no existe ninguna referencia objetiva a los motivos de esta exclusión en la LOVG[152].

En ausencia de las causas objetivas que habrían llevado a la exclusión de la mediación en este tipo de delitos, podemos pensar en otros motivos. De esta forma, y estando de acuerdo con HERNANDEZ GARCÍA[153] podemos pensar como motivos: La visión del derecho penal como un derecho paternalista y excesivamente retribucionista, que tiene una visión de las víctimas como seres incapaces y débiles, que no podrían enfrentarse a su victimario sin recaer en un proceso de revictimización, lo que supone negarles esa autonomía, su capacidad

---

152 Sin embargo, en la Sentencia del Tribunal de Justicia de la Unión Europea de 15 de septiembre de 2011, en los procesos penales contra Magatte Gueye (C-483/09) y Valentín Salmerón Sánchez (C-1/10), se establece que esta exclusión no carece de criterios de objetividad. Un mayor desarrollo de la misma se expondrá en el Anexo jurisprudencial.

153 HERNÁNDEZ GARCÍA, J., «Fundamento y consecuencias de excluir de la justicia restaurativa ciertas infracciones penales» en *Justicia Restaurativa, una justicia restaurativa para el siglo XXI: potencialidades y retos.* Cuadernos de José María Lidón, n.º 9. Deusto Digital. 2013. Bilbao. Págs.107-129.

de decisión y de decidir qué es lo que quieren hacer, saber y sobre todo cómo quieren seguir adelante. En definitiva, supone la cosificación de las mujeres víctimas en el proceso penal.

Es cierto que no todas las víctimas son iguales, no todas han sufrido una victimización igual y no todas tienen la misma fuerza y determinación para seguir solas hacia delante, pero con ayuda algunas de ellas se encontrarían en una cierta posición de «no de desequilibrio», lo que implicaría que podrían participar de forma voluntaria en un proceso restaurativo, beneficioso no sólo para ellas, sino también y sobre todo para los menores víctimas directas de la violencia de género que están insertos en esa relación de pareja, e incluso para los victimarios, pudiendo ser un medio para su reinserción social, como último beneficiario.

Por otro lado, el Estatuto de la Víctima[154], declara que las victimas podrán acceder a servicios de justicia res-

---

154 El Estatuto de la Víctima, en su art. 3 reconoce expresamente como derecho de las víctimas: «De justicia restaurativa, a lo largo de todo el proceso penal y por un período de tiempo adecuado después de su conclusión, con independencia de que se conozca o no la identidad del infractor y del resultado del proceso». Sin embargo, luego establece la prohibición no de todas las prácticas restaurativas sino sólo de la mediación y la conciliación en los supuestos de violencia de género y violencia sexual. Y por último remite en su desarrollo y aplicación a las normas procesales y demás normativa que la regula, en concreto al art. 89 de la LOPJ, que prohíbe para estos casos la utilización de los medios adecuados de solución de controversias, incluyendo por tanto cualquier tipo de prácticas restaurativas.
2. El ejercicio de estos derechos se regirá por lo dispuesto en la presente Ley y en las disposiciones reglamentarias que la desarrollen, así como por lo dispuesto en la legislación especial y en las normas procesales que resulten de aplicación.

taurativa en los términos que reglamentariamente se establezcan a lo largo de todo el proceso penal, y por otro lado realiza una remisión normativa a la interdicción de la mediación y conciliación en todos los casos, ahora competencia de las Secciones de Violencia sobre la Mujer de los tribunales de instancia.

Mucho se ha escrito sobre esta confusión normativa entre el modelo de justicia restaurativa y la mediación, así como la expresa prohibición de la mediación para los supuestos de violencia contra la mujer, luego extensible a los delitos de violencia sexual, lo que no para otras de las técnicas restaurativas que hemos venido mencionando como pudiesen ser los círculos o conferencias en los que víctima y victimario u agresor se someterían voluntariamente tras un proceso de reflexión y con una víctima empoderada.

4.2. Sistema legislativo internacional

En el ámbito internacional, destacar la Recomendación 99, 19 del Comité de Ministros del Consejo de Europa de 15 de septiembre de 1999 sobre mediación en materia penal, la Decisión Marco 2001/220/JAI del Consejo, la Resolución sobre Principios Básicos sobre el uso de programas de justicia restaurativa en materia criminal», del Consejo Económico y Social de las Naciones Unidas del año 2002 y la Directiva 2012/29/UE del Parlamento Europeo y del Consejo de 25 de octubre de 2012 por la que se establecen normas mínimas sobre los derechos, el apoyo y la protección de las víctimas de delito, que no establecen de forma explícita la prohibición de la utilización de la mediación en los supuestos de violencia contra la mujer, sino que deriva a la legislación de cada uno de los estados para determinar la posibilidad o la prohibición de la utilización de la mediación y en que tipos delictivos, como ya se ha expuesto.

Sin embargo, el Convenio del Consejo de Europa para prevenir y combatir la violencia contra la mujer y la violencia doméstica (Convenio de Estambul, en adelante CVE) de 11 de mayo de 2011 prohíbe de forma generalizada en su artículo 48 los modos alternativos obligatorios de resolución de conflictos o imposición de condenas. Concretamente establece:

> *«1. Las Partes adoptarán las medidas legislativas o de otro tipo necesarias para prohibir los modos alternativos obligatorios de resolución de conflictos, incluidas la mediación y la conciliación en lo que respecta a todas las formas de violencia incluidas en el ámbito de aplicación del presente Convenio».*

El Convenio de Estambul prohíbe los métodos alternativos obligatorios de la resolución de conflictos, pero no la utilización de las prácticas restaurativas complementarias y voluntarias, a las que la víctima podría acudir tras haber acudido a la vía penal convencional en el proceso penal correspondiente, como vamos a analizar posteriormente. Se trata de un Convenio procedente del Consejo de Europa, organismo internacional del que forman parte Estados de la Unión Europea y no integrantes. En él se establece la obligación de los países de establecer medidas que prevengan y protejan la violencia doméstica y la violencia contra la mujer incluidos los menores niños y niñas víctimas de violencia.

Igualmente, en el ámbito internacional la Organización de las Naciones Unidas (ONU) recomienda que las legislaciones de los diferentes estados prohíban la mediación en el ámbito de la violencia contra la mujer, tanto antes como durante el proceso penal[155].

---

155 La ONU establece como recomendación la prohibición del uso de la mediación para los casos de la violencia contra la mu-

Sin embargo y aunque la mayoría de los estados han legislado prohibiendo la mediación en los supuestos de violencia contra la mujer, otros lo permiten, aunque con condicionantes. Esto genera una falta de uniformidad de las legislaciones a nivel internacional. De esta forma, la misma víctima, que hubiese sido objeto de la violencia machista por su pareja en diferentes países, podría encontrarse con respuestas diferentes según se admitiese por la legislación de aquellos la posibilidad o no de derivación a espacios restaurativos[156].

Países como Finlandia, Dinamarca o Austria han venido utilizando las prácticas restaurativas en supuestos de violencia machista desde hace muchos años con resultados positivos, desarrollando la Directiva 2012/29/UE del Parlamento Europeo y del Consejo de 25 de octubre de 2012 por la que se establecen normas mínimas sobre los derechos, el apoyo y la protección de las víctimas de delito en casos de violencia de género[157].

Por contra, el número de casos de violencia machista que existe en nuestra sociedad no disminuye en la proporción querida, y la población más joven sufre un retroceso, cada vez hay más casos de violencia machista entre los menores[158] y ello aun cuando la política social

---

jer, al existir un desequilibrio de poderes, en su *Handbook for legislation on violence against women, (Manuel de legislación de violencia contra la mujer, de 2010)*, en su página 38 se establece esta recomendación.

156 En el mismo sentido opinan Subijana., I., y otros *Op. Cit.* pag.49.

157 El proyecto «Restaurative Justice and Domestic Violence», establecía los estándares mínimos para el uso de la Justicia Restaurativa en los supuestos de violencia de género.

158 En el libro sobre la situación de la violencia contra las mujeres en la adolescencia en España, de la Delegación del Gobierno

criminal que se aplica a las conductas machistas es

contra la Violencia de Género, del año 2021, se evalúala la violencia de género ejercida por los adolescentes, mediante un cuestionario en el que se incluía un bloque de 16 situaciones de maltrato, a los que se les preguntaba si habían tratado a la chica con la que salían, o querían salir de la siguiente manera, y en qué frecuencia. En concreto:

«Si la habían insultado, o ridiculizado», y de los 6.103 adolescentes preguntados, respondieron: Nunca (93,8 %); A veces (5,25 %); A menudo (0,3 %); Muchas veces (0,7 %).

«Si las habían intentado aislar de sus amistades», respondiendo: Nunca (95,8 %); A veces (3,0 %); A menudo (0,6 %); Muchas veces (0,5 %).

«Si la había intentado controlar, decidiendo por ella hasta el más mínimo detalle (con quien habla, lo que dice, a donde va, cómo viste...)»: Nunca (93,8 %); A veces (5,25 %); A menudo (0,3 %); Muchas veces (0,7 %).

En el mismo también se evalúa las creencias sexistas y de justificación de la violencia entre los adolescentes (páginas71 a 74, tablas 45 a 47). En concreto se valoran las respuestas de un total de 12.815 adolescentes (6.636 chicas y 6.179 chicos) en relación con una serie de proposiciones relacionadas con el sexismo y la violencia tales como: *Si el hombre que parece agresivo es más atractivo»; «Si una mujer es maltratada por su compañero y no le abandona será porque no le disgusta de toda esa situación»; o «Cuando una mujer es agredida por su marido, algo habrá hecho ella para provocarlo».* Y del resultado se concluye que:

«Aunque existe un rechazo al sexismo y a la violencia de género exista una cierta justificación que se realiza de acuerdo con unos parámetros y factores que hacen referencia a la violencia de género y la organización familiar que la favorece y está basada en el dominio del hombre y la sumisión de la mujer: «Está justificado que un hombre agreda a su mujer o a su novia cuando ella decide dejarle».

También se concluye que la justificación de la violencia reactiva y sexismo está vinculada a creencias sexistas. Los resultados se demuestran en base a las respuestas otorgadas a preguntas tales como:

«Está justificado agredir al que te ha quitado lo que era tuyo»; «Es correcto amenazar a veces a los demás para que sepan

cada vez más retribucionista[159]. De hecho, podríamos aventurarnos en decir que la violencia se ha consolidado en nuestra sociedad como algo que vemos de forma habitual y normal, y sobre todo en las relaciones íntimas de pareja y lo más grave, haciéndose extensiva a los miembros más indefensos del círculo familiar, los hijos menores.

A todo ello habría que añadir, como ya hemos hecho referencia sobre el protagonismo de las víctimas, el estado adopta una posición excesivamente tuitiva y paternalista en el proceso penal, mientras que aquellas mantienen un papel secundario a lo largo del mismo, mantienen el silencio, no se les da los medios ni las ayudas precisas para decidir cómo enfrentarse a las situaciones violentas vividas, mientras que con la Justicia Restaurativa se les da la oportunidad de poder cerrar esa puerta y enterrar la losa que les impide seguir adelante[160].

Los operadores jurídicos, jueces, fiscales, legisladores, abogados son conscientes de estas carencias, y la necesidad de empoderar a la víctima a lo largo de todo el proceso penal. Fruto de esta preocupación, el CGPJ ha publicado en fecha reciente la guía práctica sobre las víctimas de la violencia de género. En la citada

---

quién es el que manda»; «Es correcto pegar a alguien que te ha ofendido», «El hombre que parece agresivo es más atractivo», «Está bien que los chicos salgan con muchas chicas, pero no al revés» y «Los hombres no deben llorar».

159 En la macroencuesta del año 2019 publicada en la página del ministerio de igualdad, se indica que el 21,3 % de las mujeres de dieciséis o más años residentes en España han sufrido violencia física a lo largo de su vida, y el 13,7 % violencia sexual.

160 SEGOVIA BERNABÉ, J., En «Diálogo Justicia Restaurativa y Mediación».

guía se materializan una serie de pautas de actuación para dar una respuesta judicial uniforme y homogénea, a las víctimas de la violencia machista que acuden a la Administración de Justicia pidiendo protección y ayuda, para evitar su victimización secundaria tras acudir al proceso. De esta manera se establecen, a título informativo como ejes centrales de actuación, entre otros los siguientes:

- La información a las víctimas como eje central de toda la intervención procesal, también se ha llamado «Justicia Informacional».

- No puede hacerse sentir a las víctimas culpables y estresadas a lo largo del proceso.

- No se les puede perpetuar su sufrimiento, ni dejarlas solas.

- No se les puede cuestionar la veracidad de lo que cuentan.

- La buena organización judicial y la buena marcha del proceso les favorece, en cambio la lentitud del sistema en tramitar la denuncia es perjudicial para la víctima.

- La víctima por su parte tiene derecho a no sentirse «humillada de nuevo».

Todas estas pautas de actuación a nivel institucional mejoran la posición de la víctima y evitan en lo posible su victimización secundaria en el proceso, pero no consiguen el protagonismo de la víctima ni las empoderan en muchos de los casos para seguir adelante fuera del proceso.

Es cierto que podemos adoptar diferentes medidas legislativas, jurídicas, sociales y especialmente educadoras que la disminuyan, pero esta persiste, y lo más grave la mujer víctima de la violencia, sigue siendo en muchas de las ocasiones «víctima» para siempre, sin poder la sociedad darle la oportunidad de empoderarse, de tener la posibilidad de preguntar a su victimario «porqué a ella», de cerrar esa etapa de su vida y al menos permitirle intentar comenzar de nuevo.

Por último, en relación con la violencia de género y la violencia sexual y las prácticas restaurativas prohibidas, debemos concluir que la violencia machista es un problema, en el que se mezclan además de cuestiones educativas, culturales, sociológicas, psicológicas, machistas, sexistas, discriminatorios, de género, humanas, cuestiones afectivas, relaciones en el que fluyen sentimientos, profundos sentimientos que mezclan el amor, la dominación, los celos y el odio y ante estos no existe en muchos de los casos, ni norma legal, ni pena, que pueda detenerla ni mucho menos hacerla desaparecer. Por ello ¿por qué no acudir a la Justicia Restaurativa, sino como medio alternativo como medio complementario? En los delitos muy graves, especialmente en casos de terrorismo se han realizado encuentros restaurativos entre víctimas y victimarios, como medio complementario y no alternativo a la vía penal con resultados muy positivos para satisfacer las necesidades no sólo para la víctima[161] sino también para el

---

161 RÍOS MARTÍN, J.C., en el libro *Los ojos del otro*, páginas 195-216, describe los encuentros restaurativos personales entre quienes asesinaron perteneciendo a ETA y quienes sufrieron el horror injustificado. En los citados encuentros se intenta dar satisfacción de las necesidades de las víctimas especialmente a través de la narración del dolor sufrido; la necesidad de saber para qué; la necesidad de conocer los datos sobre el crimen; la necesidad de asunción de la responsabilidad; la necesidad de humanizar a quién cometió el delito y en su caso y si cabe el perdón.

ofensor[162]. Y ante esa realidad, ante esa evidencia ¿por qué no se puede utilizar para algunos de los supuestos de violencia machista y violencia sexual?[163].

Tengo que decir que existen posiciones muy contrapuestas sobre esta posibilidad de acudir a la justicia restaurativa. Las argumentaciones en contra quizás superan a las que se encuentran a favor de la misma. Y he de decir que algunos jueces, abogados, fiscales, víctimas, familiares de las víctimas que ven en primera persona la violencia contra la mujer todos los días, incluso yo misma, cuando tras encontrarte con un caso de violencia grave o leer sobre un caso real de violencia, puedes y de hecho pones en duda no tanto la legitimidad de la Justicia Restaurativa, sino la eficacia de la misma para determinadas víctimas. Sin embargo y aunque pueda parecer un pensamiento romántico, idealista, la magia de la Justicia Restaurativa existe, hay que conocerla, es intrínseca a la bueno del ser humano, ayudando a la víctima e incluso al ofensor a superar cualquier situación por muy grave que fuese. Por tanto, su eficacia dependerá no tanto de la gravedad del delito cometido sino

---

162 En los mismos encuentros restaurativos con exmiembros de ETA y ex víctimas del terrorismo, ETXEBARRÍA, describe en el citado libro «Los ojos del otro». la recuperación del victimario en el paradigma restaurativo. Pags. 281 a 306.

163 Como voces a favor de la mediación penal y las prácticas restaurativas en los supuestos de violencia de género, no podemos dejar de nombrar a Concepción Saénz Rodriguez, una práctica del derecho, Letrada de la Administración de Justicia, que se alza sobre el fracaso de las medidas penales en estos supuestos, reivindicando la utilización de estas prácticas como medio para que la mujer pueda encauzar su vida, dejando al margen las medidas proteccionalistas y excesivamente mecánicas. Véase «La estrategia penal contra la violencia de género en el complicado encaje con la mediación penal» 2011. Págs. 270-272.

de la voluntad, del empoderamiento de la víctima, de su fuerza y de su necesidad para querer conocer, entender y en un último momento superar esa situación. En este sentido y como manifiesta IGUARTUA y VARONA, la utilización de las prácticas restaurativa *no debería ser «una receta única y universal»* dependiendo del tipo de delito, dejando atrás las características individuales de víctima y victimario[164].

---

164 Como dice Igartua es necesaria una modificación del sistema de justicia restaurativa en el que se tenga en cuenta la autonomía de la víctima en la línea de lo expuesto en la Directiva Europea 2012/29/UE, dejando aparte esas prohibiciones generalizadas, basadas en razones de política criminal.

3

CONCLUSIONES

A lo largo de este trabajo de investigación se ha estudiado la consecución real de la disminución de la tasa de litigiosidad judicial inter-partes a través de la utilización de los mecanismos alternativos conocidos como MASC, o ADR en Derecho Anglosajón, en inglés, *Alternative Dispute Resolutions*, Métodos Alternos de Solución de Conflictos.

El espíritu de la LO1/2025 es conseguir evitar la consecución de una mayor sobrecarga judicial de asuntos entre partes, acudiendo a estas técnicas adecuadas de solución de conflictos. Para ello se habla del protagonismo del ciudadano en la resolución de algunos de sus conflictos acudiendo en muchos de los casos a la vía consensual. También se habla del derecho colaborativo, dando una mayor participación, a las partes asistidas de sus abogados, pero fuera del ámbito jurisdiccional, así con la intervención en algunos de los casos de terceras personas expertas neutrales en la materia, para la resolución del conflicto. De este modo la ley evita la confrontación, el odio y el rencor. Pero este espíritu queda dentro de lo filosófico, el ideal del derecho. Por ello la Ley atiende en su regulación a unos principios de carácter prescriptivo para la consecución de sus objetivos, que han sido desarrollados en el presente trabajo y que han planteado importantes problemas prácticos.

En primer lugar, se excluyen, de la regulación de la LO1/2025 los asuntos laborales, administrativos y concursales, habida cuenta que tienen una regulación propia y sus propios procedimientos de resolución debido a la naturaleza particular de la materia. También quedan fuera expresamente de su regulación dentro de los MASC el proceso penal, dado que no rige el principio dispositivo sino el de oficialidad, sin perjuicio de la posibilidad de acudir a las técnicas de justicia restaurativa en todas las fases del procedimiento, para obtener una reparación material y sobre todo moral en la víctima.

La ley 1/2025 se centra especialmente en los asuntos civiles, mercantiles y trasnacionales, para la aplicación de los MASC. Tal es así que, salvo algunos de los asuntos excluidos de los mismos, es requisito preceptivo y sine qua non intentar un acuerdo previo, acreditándolo de forma preceptiva, antes de acudir a la vía judicial, que se pretende ser la última ratio. Sin embargo, tal y como se ha dicho en el presente libro, asuntos como los juicios de desahucios, propiedad horizontal o monitorios deberían quedar excluidos del preceptivo y previo uso de los MASC, dado los graves problemas dilatorios que su uso implicaría, lo que dilataría más todavía si cabe la conclusión de este tipo de procedimientos. También se pone de manifiesto la necesidad de excluir, todos aquellos procedimientos de familia en los que exista un menor, ya que el interés superior del menor debe ser superior a cualquier otro.

El número de asuntos que se incoan en los juzgados y tribunales españoles cada año aumento y pude decirse que es alarmante. Para ello se han transcrito los datos estadísticos elaborados por el Consejo General del

Poder Judicial, en el que se aprecia de forma alarmante como la tasa de litigiosidad en todos los órdenes jurisdiccionales crece de forma desmesurada, mientras que los asuntos que hasta la fecha se han derivado a mediación son insignificantes si los comparamos con aquellos, y más todavía si consideramos los escasos asuntos que terminaron con acuerdo.

El legislador consciente de ello ha introducido algunas medidas para intentar disminuir esta situación. Así en vía penal, se ha excluido el límite de la pena de seis años de prisión que se previa para poder alcanzar una sentencia de conformidad. Con la reforma y la eliminación de este límite penológico, cualquiera que sea la pena prevista conlleva la posibilidad de alcanzar un acuerdo entre la acusación y la defensa, con el consentimiento del acusado o encausado, dependiendo de la fase procesal.

Por ello y sobre la eficacia real de la ley para la consecución de la reducción de la litigiosidad se debe cuestionar la eficacia de las reformas porque hay un largo camino que recorrer, que no sólo pasa por las reformas legales llevadas a cabo sino también implica un importante cambio de cultura por y para la justicia deliberativa y colaborativa.

Por último y en relación con la justicia restaurativa en materia penal, se ha destacado su uso y las ventajas de la misma para la sanación no sólo de las víctimas sino también de los terceros relacionados con aquella, evitando de este modo la victimización secundaria y terciaria, y la eficacia del perdón. No obstante, se prohíbe el uso de la justicia restaurativa y la mediación penal para todos los supuestos de violencia contra la mujer y para los delitos sexuales, aplicándolo de forma generalizada a todos los supuestos, sin analizar de forma individualizada cada uno de los supuestos. En el presente ensayo se constata que voces doctas en esta materia ponen de manifiesto que esta prohibición no debería generalizarse dado los efectos restauradores en algunos de los casos, de la justicia restaurativa, teniendo eso sí en cuenta siempre la situación y la protección de la víctima, y sin olvidar los principios fundamentales que rigen el derecho penal. No se trata de dejar desprotegida a la víctima sino empoderarla en algunos de los casos, para que como hemos manifestado en este trabajo de investigación, y como dice Santiago Bernabé «tomen las riendas de su vida».

Por último y concluyendo manifestar que el tratamiento de la justicia restaurativa en el ámbito del derecho comparado no es el mismo, lo que puede poner en peligro un trato, igualitario de las víctimas. Concluyendo creo que el legislador debería evitar prohibiciones generalizadas que en algunos de los casos responden a razones de política criminal y dejar quizás un cierto margen de decisión u voluntad a aquellas víctimas «fuertes» que puedan decidir en determinados casos.

4

BIBLIOGRAFÍA

AGUILAR REDORTA, C., «La Infancia Víctima de la Violencia de Género». *Ponencia presentada en el III Congreso del Observatorio contra la violencia doméstica y de Género. Sobre la valoración del riesgo de las víctimas.* 2009. Págs. 2-6. Disponible en http://www.poderjudicial.es/cgpj/es/Temas/Violencia-domestica-y-de-genero.

ALANEN, J., «When Human Rights Conflict: Mediating International Parental Kidnapping Disputes Involving the Domestic Violence Defense». *The University of Miami inter-American Law Review.* Miami. núm. 2008.

ASHWORTH, A., «Is Restorative Justice The Way Forward for Criminal Justice?, http://clp.oxfordjournals.org/ at MPI Private Law, 2016, págs. 347-376.

BARONA VILAR, S., *Solución extrajurisdiccional de conflictos. «Alternative Dispute Resolution» (ADR) y Derecho procesal,* Tirant lo Blanch, Valencia 1999.

BARONA VILAR, S., «Las ADR en la justicia del siglo XXI, en especial la mediación», *Revista de derecho*, núm. 1/2011.

BARONA VILAR, S., «De cómo la incorporación de las ADR convierte el derecho procesal en derecho de los medios de tutela del ciudadano», AA. VV. (Coor. GÓMEZ COLOMER, Juan Luis, BARONA VILAR, Silvia, CALDERÓN CUADRADO, Pía), *El Derecho procesal español del siglo XX a golpe de tango*, Tirant lo Blanch, Valencia 2012.

BERISTAIN IPIÑA, D A., «Crisis del Derecho Represivo (Orientaciones de organismos Nacionales e Internacionales)». *Edicusa*. Madrid. 1977. págs-231-271.

BERISTAIN IPIÑA, A., «Derechos Humanos en perspectiva Metarracional. Observaciones Criminológicas sobre Beccaria», en BERISTÁIN, A., y DE LA CUESTA J.L., (Direcc.), *Protección de los Derechos Humanos en Derecho Penal Internacional y Español* (VII cursos de verano en San Sebastián), Protección de los Derechos Humanos en Derecho Penal Internacional y Español (VII Cursos de Verano en San Sebastián), Editorial Universidad del País Vasco, Bilbao, 1989 págs.139-146.

BERISTAIN IPIÑA, A., «Crimen y Castigo. Cristianos ante la Justicia penal actual. (Diez nuevas viejas bienaventuranzas)» *Cuaderno del Instituto Vasco de Criminología*. Universidad del País Vasco. San Sebastián, 1989 págs171-186.

BERISTAIN IPIÑA, A., «Elogio criminológico de la locura erasmiana universitaria», *Lección inaugural del curso académico 1990-1991*. Universidad del País Vasco, octubre de 1990.

BERISTAIN IPIÑA, A., *Victimología Nueve Palabras Clave*, Tirant Lo Blanch. Valencia. 2000

BERISTAIN IPIÑA, A, «La Victimología desde una episte-mología teológica y criminológica», en *Victimo-logía (VII cursos de verano en San Sebastián - I Cursos Europeos)*. Editorial Universidad del País Vasco. 1990.págs. 85-92.

BERISTAIN IPIÑA. A., «Protagonismo de las víctimas de hoy y mañana» en Evolución en el campo jurídico penal, prisional y ético. Tirant lo Blanch, Valencia, 2004, págs.109-120.

BERNÚZ BENEÍTEZ, M.J., «La Conciliación y la reparación en la LO5/2000, de 12 de enero, reguladora de la responsabilidad penal de los menores. Un recurso alternativo o complementario a la justicia de me-nores». *Revista de Derecho Penal y Criminología*, 2.º Época, n.º 8. 2001.pp.263-294.

BERNÚZ BENEÍTEZ, M.J., «La legitimidad de la justicia de menores: entre la justicia procedimental y justicia social». *InDret*. Barcelona. 2014.

BERNÚZ BENEÍTEZ, M.J., «El Derecho a ser escuchado: El caso de la infancia en conflicto con la norma». *De-rechos y Libertades*. N.º 33, Época II, junio 2015.

BROWNET, N., «Relevance And Fairness: Protecting The Rights Of Domestic-Violence Victims And Left-Behind Fathers Under The Hague Conven-tion On International Child Abduction». *Duke Law Journal*. [Vol.60:1193] (2011).

CAPPELLETTI, M., *Alternative Dispute Resolution Pro-cesses Within the framework of the World-Wide Access-to-Justice Movement,* Modern Law Re-view, 1993, p.282.

CARNELUTTI, F., 1994. *Las miserias del proceso penal.* Santa Fé de Bogotá: TEMIS SA., 1997.

CARBALLO PIÑEIRO, L., «Unión Europea: propuesta de revisión del Reglamento en materia matrimonial y por responsabilidad parental», publicado en *Cartas blogatorias, El Blog de litigios Internacionales, de Javier Ochoa Muños y Claudia Madrid Martínez.* Disponible en la página web: https://cartasblogatorias.com

CASTILLA JIMÉNEZ, J., «La incidencia de los poderes públicos en el desarrollo de los encuentros restaurativos», en *Los ojos del otro. Encuentros Restaurativos entre víctimas y ex miembros de ETA.* 2013. SALTARRAE, Santander, 2013, pág.253.

CHRISTIE, N. *Los límites del dolor.* Ed. Fondo de Cultura Económica. México. 1980.

CONSEJO GENERAL DEL PODER JUDICIAL, «Guia para la práctica de la mediación intrajudicial». 2024. www.poderjudicial.es.

CONSEJO GENERAL DEL PODER JUDICIAL, «La Justicia dato a dato, año 2024». Estadística judicial www.poderjudicial.es.

CONSEJO GENERAL DEL PODER JUDICIAL, Servicio de Planificación y Análisis de la Actividad Judicial. Datos estadísticos sobre el proyecto de implantanción de la mediación penal, 2011. Disponible en www.poderjudicial.es

DE LA CUESTA &GERMAN, I., *La justicia restaurativa en España,* 1.ª ed. Madrid, 2022.

DE LA CUESTA, J.L./ GERMAN, I., «Otra forma de abordar los conflictos penales: la inaplazable regulación del modelo de justicia restaurativa en España» *en Yearbook of Legal Sciences & Human Rights Tribute to Prof. Dr. Cândido Furtado Maia Neto*, vol. 1, Francis Wearbook, 2023.

DE MIGUEL LUKEN, V., «Macroencuesta de violencia contra la mujer 2015» *Estudio de investigación realizado para el Ministerio de Sanidad, Servicios Sociales e Igualdad*. Madrid. 2015.

DEL MORAL GARCÍA, A., «Verdad y justicia penal», en *Ética de las profesiones Jurídicas. Estudios sobre deontología*. vol. I Universidad Católica San Antonio, volumen I Murcia, 2003

DE TORRES PORRAS, F., «Menores Víctimas Directas de la Violencia de Género», *Ponencia presentada en el IV Encuentro de Abogados y Abogadas de Violencia de Género*, realizado en Granada en septiembre de 2016.

DELEGACIÓN DEL GOBIERNO CONTRA LA VIOLENCIA DE GÉNERO, «La Situación de la Violencia Contra las Mujeres en la Adolescencia en España», *Ministerio de Igualdad*, 2021, págs.38- 42.

DIAGO DIAGO, M.P., «Secuestro Internacional de menores: marco jurídico» *Aequalitas. Revista jurídica de igualdad de oportunidades entre mujeres y hombres*. n.º 7. 2001.

DÜNKEL, F., «La conciliación delincuente-víctima y la reparación de daños: desarrollos recientes del Derecho Penal y de la práctica del Derecho penal en el Derecho Comparado» en BERISTAIN IPIÑA, A., (Director), *Victimología (VII cursos de verano en San Sebastián-I Cursos Europeos)*,1990, Editorial Universidad del País Vasco (España). págs.113-147.

DÜNKEL, F., «Fundamentos victimológicos generales de la relación entre la víctima y autor en Derecho Penal», en BERISTAIN IPIÑA, A., Director, *Victimología (VII cursos de verano en San Sebastián-I Cursos Europeos)*,1990, Editorial Universidad del País Vasco (España) págs.159-182

ECHANO BALSADUA, J.I., «Mediación entre adultos», en SUBIJANA (dir.), *Justicia restaurativa, una justicia para el siglo XXI: potencialidades y retos. Cuadernos en homenaje a José María Lidón*, 9, Bilbao, Universidad Deusto, 2013, págs.156-196.

ECHEBURÚA ODRIOZOLA, E., «El valor psicológico del perdón en las víctimas y en los ofensores», *Cuaderno del Instituto Vasco de Criminología*, n.º 27, San Sebastián.2013.

ECHEBURÚA ODRIOZOLA, E., LOINAZ I., DE CORRAL P., «Escala de Predicción del Riesgo de Violencia Grave contra la pareja», *Psicothema* 2010. Vol. 22, no 4, pp. 1054-1060.

ECHEBURÚA ODRIOZOLA, E., LOINAZ I., «Apego Adulto en Agresores de Pareja». *Acción Psicológica* 2012, vol. 9, pp33-46.

ECHEBURÚA ODRIOZOLA, E., PUENTE-MARTÍNEZ, SILVIA UBILLOS-LANDA, S., PAZ ROVIRO, D., «Factores de riesgo asociados a la violencia sufrida por la mujer en la pareja: una revisión de meta-análisis y estudios recientes», *Anales de Psicología*, 2016, vol. 32 n.º 1 pág. 295-306.

ETXEBARRÍA ZARRABEITIA, X., «La recuperación del victimario en el paradigma restaurativo», en *Los ojos del otro: Encuentros restaurativos entre víctimas y exmiembros de ETA*, PASCUAL RODRÍGUEZ, E., (coord.), SALTERRAE, Santander, 2013.

Fabré Rosell, C y **Lozano Cortijo M**. (Coord.), «Guía de Buenas Prácticas para la toma de declaración de víctimas de Violencia de Género». *Consejo General del Poder Judicial*. Madrid. 2018

Fonseca Rosenblatt, F., «Victims of Domestic Violence and Restorative justice in Brazil: Notes from the "Periphery" to the "World Centres"», 2018.

Forcada Miranda, F. J., «Premisas esenciales para el operador jurídico en sustracción internacional de menores». Artículo Monográfico. *Editorial Jurídica Sepín*. Septiembre 2015.

Garcia Moretó., E. «Violencia de Genero: intervención policial y su coordinación en la UE», en *La Orden de Protección Europea. La Protección de víctimas de violencia de género y cooperación judicial penal en Europa*. Dir. **Martínez García, E.**, Tirant Lo Blanch 2016. Pp.95-96.

Garcia Revuelta, C., «Aplicación del Convenio de la Haya y el Reglamento 2201/2003. El Papel de la Autoridad Central». *Ponencia presentada en el curso de formación del Consejo General del Poder judicial*.

German Mancebo, I., «La construcción de la verdad en la justicia penal restaurativa intrajudicial: equidad y justicia epistémicas en la decisión jurídica», *Universidad del País Vasco*, 2023.

Giménez-Salinas I Colomer, E. «La mediación en el sistema de justicia juvenil: Una versión desde el derecho comparado», *Eguzkilore*, N.º 10, extraordinario .1996. PP193-212.

GONZÁLEZ ÁLVAREZ, J.L., LÓPEZ OSSORIO J., Y MUÑOZ RIVAS, M, «La valoración policial del riesgo de violencia contra la mujer pareja en España–Sistema Viogen». Madrid 2018. *Ministerio del Interior. Instituto de Ciencias Forenses y de la Seguridad.*

GIMENO SENDRA, V., «El principio de oportunidad y la mediación penal», en S. CALAZA LÓPEZ & J.C. MUNIELO COBO (dirs.), *Postmodernidad y proceso europeo: la oportunidad como principio informador del proceso judicial,* Madrid: Dykinson, Madrid, págs. 237-256.

GONZALEZ DEL POZO., J, «Los expedientes de Jurisdicción voluntaria en materia de familia en la Ley 5/2015, de 2 de julio», en *Revista de Derecho de Familia.* Ed. Francis Lefebvre. Publicada el 1 de diciembre de 2016.

HALE, B, «Taking Flight-Domestic Violence and Child Abduction», *Current Legal Problems*, Vol.70, Num. 1 (2017). Disponible desde: https://academic.oup.com

HERNANDEZ GARCÍA, J., «Fundamento y consecuencias de excluir de la justicia restaurativa ciertas infracciones penales», En *Justicia restaurativa, una justicia para el siglo XXI*, 2013, Universidad de Deusto (Bilbao) pp.107-127.

HABERMAS, J., Y GÓMEZ RAMOS, A., (prólogo a la edición española), 2003. *El ser que puede ser comprendido es lenguaje: homenaje a Hans-Georg Gadamer*, Síntesis, D.L. Madrid.

HOOPER S., & BUSCH, R., «Domestic Violence and the Restaurative Justice Initiatives: Risks of a new Panacea» in *Domestic Violence and Restorative Justice Initiatives. Waikato Law Review*, Vol. 4 of New Zealand Legal Information Institute

IGARTUA LARAUDOGOITIA, I. «Victimidad, vulnerabilidad e incapacidad como falsos sinónimos: Reflexiones y certezas en torno al veto generalizado a la mediación en violencia de género y violencia sexual en la normativa española», en A. I. PÉREZ MACHÍO & N. DE LA MATA BARRANCO (Eds.), *Mujeres, género y tutela penal*, Aranzadi, 2024, págs. 67-106.

IGARTUA, I., OLALDE, A., y **VARONA, G.,** *Diccionario breve de justicia restaurativa. Una invitación interdisciplinaria e introductoria a sus conceptos claves.* Editorial Académica Española. 2012

JIMENEZ BLANCO, P., «La ejecución forzosa de las resoluciones de retorno en las sustracciones internacionales de menores», en ALDECOA LUZÁRRAGA F., y FORNER DELAYGUA, J., *La protección de los niños en el Derecho Internacional y en las Relaciones Internacionales (Jornadas en conmemoración del 50 aniversario de la Declaración Universal de los Derechos del Niño y del 20 aniversario del Convenio de Nueva York sobre los Derechos del Niño)*, Ediciones Jurídicas y Sociales, S.A, Madrid, 2010.

JIMENEZ BLANCO, P., *Litigios sobre la custodia y sustracción internacional de menores.* Editorial Marcial Pons. Oviedo. 2008.

JOHSON, M. P., «A typology of domestic violence: intimate terrorism, violent resistance, and situational couple violence» 2008. *Boston: Northeastern Universisty Press.*

KAYE, M., «The Hague Convention And The Flight From Domestic Violence: How Women And Children Are Being Returned By Coach And Four», *International Journal of Law*, Policy and the Family 13(1999),

MENKEL - MEADOW, C., «Roots and Inspiration. A Brief History of the Fou of Dispute Resolution», in M.I. MOFFITT and R, BORDONES (eds), *The Handbook of Resolution*, Joseey-Bass, A., San Francisco 2005, p.17.

MENKEL-MEADOW, «Dispute resolution: Beyond the Adversarial Model», Nueva York (EE. UU.), 2005, p. 265

LANDROVE DIAZ, G., «La víctima y el Juez», en BERISTAIN IPIÑA, A., (Director) *Victimología (VII cursos de verano en San Sebastián-I Cursos Europeos)*, 1990, Editorial Universidad del País Vasco (España). P. 183-194.

LARROSA IBAÑEZ, I, «La Intervención en España del Letrado de la Administración de Justicia en Los asuntos de mediación internacional», in *Transnational Dispute Management*, 2017.

LAUREL BARRET, A., (2011). *The works of Jürgen Habermas: A tool for further understanding the theory and practice of restorative justice*. Phd. Dalhousie University.

LEWIS, J., «The Hague Convention on the Civil Aspects of International Child Abduction: When Domestic Violence and Child Abuse Impact the Goal of Comity», *13 LEY TRANSNAT'L 391, 423* (2000).

LIZANA ZACUDIO. R. 2012. *A mí también me duele. Niños y niñas víctimas de la violencia de género en la pareja*. Gedisa. Barcelona. 2012.

LORENTE ACOSTA, M., «Violencia contra las mujeres: peligrosidad y valoración del riesgo». *Revista de Derechos europeos*, n.º 19. 2012

LORENTE ACOSTA, M., *Agresión a la mujer: maltrato violación y acoso: Entre la realidad social y el mito cultural*. Ed. Comares. 1998.

LOZANO ESPINA, F., «Emociones, Justicia Restaurativa y delitos de terrorismo: introducción a la experiencia emocional del encuentro restaurativo» en *Los ojos del otro, Encuentros Restaurativos ente víctimas y ex miembros de ETA*, coord. PASCUAL RODRÍGUEZ, E., Saltarrae, Santander 2013

MAGRO SERVET, V., «Responsabilidad del Estado ante falta de vigilancia de medidas civiles adoptadas en casos de maltrato». *Centro de Documentación Judicial*, El Derecho S.A., 2018.págs1-18.

MAGRO SERVET, V., «La valoración judicial de la declaración de la víctima de violencia de género y delitos sexuales. su aplicación a los delitos contra la indemnidad sexual en el caso de menores de edad». *Ponencia presentada en el Curso de Formación organizado por el CGPJ sobre: Criterios actuales del TS en materia de VG. Celebrado en Madrid en enero de 2019.* Disponible en www.poderjudicial.es.

MAGRO SERVET, V., «Como reducir la carga de trabajo de los órganos judiciales del orden penal con la justicia restaurativa», en *Diario La Ley*, n.° 10700, Sección Doctrina, 2025.

MANDELA ROLIHLAHLA, N., (1995). *El largo camino hacia la libertad: la autobiografía de Nelson Mandela.* Traducción de Antonio RESINES y Herminia BEVIA. Barcelona. Círculo de Lectores.

MARIN PEDREÑO, C., *Sustracción Internacional de Menores y Proceso legal para la restitución del menor*, Editorial Ley 57. 2016.

MORENO CATENA, V. & CORTÉS DOMÍNGUEZ, V. *Derecho procesal penal* (9.ª ed.). Valencia: Tirant lo Blanch, 2019.

MUÑOZ, J.M,, y ECHEBURÚA ODRIOZOLA, E., «Diferentes modalidades de violencia en la relación de pareja: implicaciones para la evaluación psicológica forense en el contexto legal español», *Anuario de Psicología Jurídica*, 2016, Madrid págs.1-11.

OLALDE ALTAREJOS, J.A., 2015, *Estudio multidimensional de algunas prácticas de justicia restaurativa en el País Vasco con lentes de trabajo social (2007-2012)*. Tesis. Varona MARTÍNEZ, G., /GARCÍA LONGORIA, M.P., (Dirs. tes). Universidad de Murcia. Trabajo Social.

OLALDE ALTAREJOS, J.A, «Encuentros restaurativos en victimización generada por delitos de terrorismo: bases teóricas», en PASCUAL RODRÍGUES, E.S (Coord.). *Los ojos del otro. Encuentros Restaurativos entre víctimas y ex miembros de ETA.*2013. SALTARRAE, Santander. Págs.21-67.

UNITED NATIONS, «Department of Economic and Social Affairs, División for the Advancement of Women», *Handbook for Legislation on Violence Against Women*, United Nations publication, 2009, págs.35-40

ORTIZ HERRERA, S., «Tratamiento de la responsabilidad parental en el Reglamento 2201/2003. Un avance hacia la integración y armonización del Derecho Civil en Europa», *Revista de Derecho UNED*. 2008.

RAYE, B. E. & WARNER, A. «Restorative processes» in *Handbook of restorative justice*, En G. JOHNSTONE & D. W. VAN NESS (eds.), Cullompton, Devon: Willan publishing. 2007, págs. 211-227.

Reig Fabado, I., «El traslado ilícito de menores en la Unión Europea: Retorno vs. Violencia Familiar o Doméstica». *Cuadernos de Derecho Transnacional*, Vol.10, N.º 1. 2018

Reyes Mate, M., *La ética ante las víctimas*. Barcelona Editorial Anthropos, 2003.

Reyes Mate, M., «En torno a una justicia anamnética», en *La ética ante las víctimas*, Barcelona Editorial Anthropos. 2003

Reyes Mate, M., *Tratado de la injusticia*. Barcelona, Editorial Anthropos, 2011.

Rios Martín, J., «Justicia restaurativa y mediación penal. Análisis de una experiencia», *CGPJ*, 2009

Rios Martín, J., «La mediación», en *Trabajo Social y Servicios Sociales*, n.º 9, 2014, págs.73 -78.

Rios Martín, J., «La Justicia restaurativa, las víctimas y la humanización del Derecho Penal», en *HayDerecho.com* 2015.

Rios Martín, J., «El encuentro personal entre quienes asesinaron perteneciendo a ETA y quienes sufrieron el horro injustificado. Descripción, análisis y reflexiones», en *Los ojos del otro, encuentros restaurativos entre víctimas y ex miembros de ETA*, Pascual Rodríguez, E., (coord.), SALTERRAE, Santander, 2013.

Sáez Rodriguez, C., «Mediación Penal. Conclusiones de las experiencias en España, 1998-2011». En *cuadernos penales de José María Lidón*, Núm. 8: Reforma penal: personas jurídicas y tráfico de drogas; Justicia Restaurativa. Universidad de Deusto. Bilbao.2011

SÁEZ RODRIGUEZ, C., «La estrategia penal contra la violencia de género en el complicado encaje con la mediación penal» en *Justicia restaurativa, mediación penal y penitenciaria: un renovado impulso*. Editorial Reus. 2011.

SAMPEDRO ARRUBLA. J.A., «El proceso penal como encuentro victima-victimario: Reflexión en torno al espacio judicial como escenario de encuentro hacia la reconciliación», en *Revista de victimología*, online, núm.3.2016.

SEGOVIA BERNABÉ, J.L., «Otro derecho penal es posible», *Éxodo*, núm.110, 2011. pág. 67-85.

SEGOVIA BERNABÉ, J.L., «La justicia restaurativa como expresión de la misericordia», *Anales Valentinos: Nueva Serie*, año 3, n.º 5, 2016, pág.123-146.

SEGOVIA BERNABÉ, J.L., «Diálogo, justicia restaurativa y mediación», RÍOS J., (coautor) en *Documentación Social*, n.º 148, 2008, pág.77-98.

SEGOVIA BERNABÉ, J.L., «Mediación penal comunitaria, y justicia restaurativa», en *Familia. Revista de ciencias y orientación familiar*, n.º 148, 2008, pág-7-98.

SILVA SÁNCHEZ, J., «Innovaciones Teórico-Prácticas de la victimología en el Derecho Penal» en BERISTAIN IPIÑA, A., (Director), *Victimología (VII cursos de verano en San Sebastián-I Cursos Europeos)*,1990, Editorial Universidad del País Vasco (España).

SOLETO MUÑOZ, H., «Aportaciones internacionales al desarrollo de la justicia», en I. SUBIJANA (dir.), *Justicia restaurativa, una justicia para el siglo XXI: potencialidades y retos. Cuadernos en homenaje a José María Lidón* 9 Bilbao, Universidad Deusto, 2013. Págs. 77-106

STUBBS. J., «Relations of domination and subordination: challenges for restorative justice in responding to domestic violence» in *General / Thematic: Forum* 16(2): Family Violence, Volume 33, n.° 3, UNSW Law Journal, 2010

SUBIJANA, I.J., «La mediación penal intrajudicial en la Comunidad Autónoma del País Vasco: consideraciones a la luz de los datos ofrecidos por la primera memoria elaborada tras la aprobación, en junio de 2011, de la última versión del protocolo de funcionamiento del servicio de mediación intrajudicial», *Oñati Socio-Legal Series*, 4(3), 2014, (págs.351-368)

SUBIJANA, I.J, PORRES GARCÍA I., SANCHEZ RECIO, M., «El modelo de justicia restaurativa: una propuesta de aplicación tras la entrada en vigor de la ley 4/2015 del estatuto de la víctima del delito». *Revista de Victimología. Huygens.* Barcelona. 2015 n.° 2, págs.140-144

PELIKAM, C. «Victim-Offender-Mediation in Domestic Violence Cases—A Comparison of the Effects of Criminal Law Intervention: the Penal Process and Mediation. Doing Qualitative Research [55 paragraphs]». In *Forum Qualitative Sozialforschung / Forum: Qualitative Social Research*, 3(1), Art. 16. 2002.

PERAMATO MARTÍN, T., «Relación de Análoga Afectividad. Menores Víctimas Ambientales O Instrumentales». *Ponencia presentada en el VII Congreso del Observatorio Contra La Violencia Doméstica y de Género*, los días 18 y 19 de octubre en Madrid.

ROMAN MARTÍN, L., Y OLIVERAS JANÉ, N., «La Protección a las víctimas de violencia de género en la Unión Europea; En especial, la Orden Europea de Protección», en *Integración europea y género*, PASTOR GOSÁLBEZ, ROMÁN MARTÍN y GIMÉNEZ COSTA (Coord.), TECNOS, 2014, Valencia.

RUIZ SUTIL, C., «Implementación del Convenio de Estambul en la refundición del Reglamento Bruselas II bis y su repercusión en la sustracción internacional de menores». *Cuadernos de derecho transnacional*. 2018, vol. 10, n.º 2.

TAMARIT SUMALLA, J., «La reparación y el apoyo a las víctimas» en TAMARIT SUMALLA, J., (Coord)/ VILLACAMPA ESTIARTE, C., /SERRANO MASIP, M., *El Estatuto de las Víctimas de Delitos, Comentarios a la Ley 4/2015*, Tirant lo Blanch, Barcelona, 2015, pág. 294-345.

VALL RIUS, A, & GUILLAMANT RUBIO A., «La mediación y violencia de ¨Genero, una respuesta útil en los casos de archivo de la causa penal», *Revista de Mediación*. Año 4 n.º 7. 2011. Barcelona.

VARONA MARTÍNEZ, G., «Criterios de evaluación en la justicia restaurativa: análisis comparado e internacional», en *Jornadas Transfronterizas. La Mediación Penal: un modelo de Justicia Restaurativa*. 2007. págs. 1-19.

VARONA MARTÍNEZ, G., *Justicia restaurativa desde la Criminología: mapas para un viaje inicial*, Editorial Dykinson. 2018 págs. 56-76.

VARONA MARTÍNEZ, G., «Victimas y nuevas formas de justicia en la Unión Europea: La Directiva 2012/29/UE y el concepto de vulnerabilidad victimas en relación con los programas restaurativos y otras formas participativas de justicia», en DE LA CUESTA E., y PEREZ MACHÍO A., (Directores), *Armonización penal en Europa*, Gobierno Vasco (Ed.) 2013, págs. 445-484.

VARONA MARTÍNEZ, G., «La Justicia restaurativa a través de los servicios de mediación penal en Euskadi. Evaluación externa de su actividad» *Instituto Vasco de Criminología*. San Sebastián, octubre 2008-septiembre de 2009.

VARONA MARTÍNEZ, G., «La enseñanza académica de la victimología en el mundo» en *Revista de Victimología*, online núm. 6, 2017.

VARONA MARTÍNEZ, G., «Una panorámica internacional del estado de la Victimología a través del 16.º Simposio Internacional de la Sociedad Mundial de Victimología», en *Revista de victimología*, online núm. 7. 2018.

VARONA MARTÍNEZ, G., y otros., «Explorando caminos futuros en victimología», en VARONA MARTÍNEZ, G., Victimología, en *Busca de un enfoque integrador para repensar la integración con víctimas*. Aranzadi, España. 2018.

ZEHR HOWARD., 2002. *The Little Book of Restaurative Justice*. Intercourse, PA: Good Books.

5

FUENTES NORMATIVAS

Nacional

- Proposición de Ley Orgánica de Reforma de la Ley Orgánica 1/2004, de 28 de diciembre, de Medidas de Protección Integral contra la Violencia de Género, presentado por el Grupo Parlamentario Popular del Congreso Boletín de las Cortes Generales. Congreso de los Diputados de 13 de julio de 2018. Número 295-1.
- Memoria de la Fiscalía de la Comunidad Autónoma de Cataluña de 2024.
- Instrucción SES 4/2019, del 13 de marzo de 2019 de la Secretaría de Estado de Seguridad, por la que se establece un nuevo Protocolo para la Valoración Policial del nivel de riesgo de Violencia de Género, la Gestión de Seguridad de las víctimas, y seguimiento de los casos a través del sistema de seguimiento integral de los casos de violencia de género (Sistema Viogén).
- Instrucción SES 7/2019, del 20 de mayo de 2019 de la Secretaría de Estado de Seguridad sobre incorporación a los atestados sobre violencia de Género de diligencia de situación administrativa de la víctima de extranjera en situación irregular.

- Ley 4/2015 de 27 de abril, del estatuto de la víctima del delito.

- Circular de la Fiscalía General del Estado 6/2011 sobre criterios para la unidad de actuación especializada del ministerio Fiscal en relación a la violencia sobre la mujer.

- Real Decreto 557/2001Real Decreto 557/2011, de 20 de abril, por el que se aprueba el Reglamento de la Ley Orgánica 4/2000, sobre derechos y libertades de los extranjeros en España y su integración social, tras su reforma por Ley Orgánica 2/2009. BOE número 103, de 30/04/2011. Última actualización publicada el 04/09/2018.

- LO 4/2000, de 11 de enero sobre derechos y libertades de los extranjeros en España y su integración social. BOE, núm. 10, de 12 de enero de 2000, última actualización el 04/09/2018.

- Pacto de Estado contra la Violencia de Género 2017. BOE.

- LO1/1985 del Poder Judicial. ...de 1 de julio de 1985.

Internacional

- Declaración de Principios Fundamentales de Justicia para las Víctimas de Delitos y del Abuso de Poder, aprobada por la Asamblea General de Naciones Unidas el 29 en noviembre de 1985, en su resolución 40/34.

- Resolución 1999/26, de 28 de julio de 1999, del Consejo Económico y Social de las Naciones Unidas sobre Elaboración y aplicación de medidas de mediación y justicia restitutiva en materia de justicia penal.

- Recomendación n.º R(99)19, del Comité de Ministros del Consejo de Europa.

– Recomendación CM/Rec(2018)8, de 3 de octubre de 2018, del Comité de Ministros a los Estados Miembros sobre justicia restaurativa en materia penal.

– Principios Básicos del uso de programas de Justicia Restaurativa en Materia penal, adoptados en 2002 por el Consejo Económico y Social en las Naciones Unidas.

– El Convenio del Consejo de Europa sobre la prevención y lucha contra la violencia contra las mujeres y la violencia doméstica. Estambul 11-05-2011.

6

ANEXO JURISPRUDENCIAL

I. Introducción

Tras el estudio dogmático precedente, en el que hemos analizado desde un punto de vista teórico y práctico el estudio de los MASC y la Justicia Restaurativa, se ha considerado adecuado completarlo con un estudio empírico a través de un análisis jurisprudencial de la materia.

Especialmente se va a analizar como la jurisprudencia se pronuncia en Sentencias icónicas, sobre los principios fundamentales y garantías del justiciable y ciudadano que se ve implicado en un determinado conflicto o cuyos derechos fundamentales pueden ponerse en peligro.

La jurisprudencia elegida que a continuación va a ser objeto de desarrollo en el presente capítulo es principalmente de los últimos quince años. Especialmente se ha elegido la jurisprudencia de nuestro Tribunal nacional garante de nuestros derechos y principios constitucionales, el Tribunal Constitucional, así como la del Tribunal Europeo de Derechos Humanos. Igualmente se analiza la jurisprudencia de nuestro más alto Tribunal jurisdiccional, el Tribunal Supremo, así como también sentencias de la Audiencia Nacional debido a la trascendencia y especialidad del delito cometido y enjuiciado y del Tribunal de Justicia de la Unión Europea.

Se han elegido como sentencias icónicas aquellas que versan sobre derechos y principios constitucionales tan importantes y su especial relación y afección con la aplicación de los MASC y la Justicia Restaurativa. En especial se habla del derecho a la presunción de inocencia; a un proceso público sin dilaciones indebidas; Prohibición de la mediación penal y las prácticas restaurativas en los casos de violencia de género y delitos sexuales; y la conformidad intrajudicial en el ámbito penal.

II. Derecho a la presunción de inocencia

El derecho a la presunción de inocencia como regla de tratamiento, exige tratar al acusado como inocente hasta que exista prueba de cargo en el proceso penal.

En relación con la misma destacaremos la Sentencia de 28-06-2011, del Tribunal Europeo de Derechos Humanos, asunto Lizaso Azconobieta contra España (Demanda n.º 28834/08), ECLI:CE:ECHR:2011:-0628JUD002883408. En el citado asunto se enjuiciaron los hechos ocurridos el 5-06-1994, cuando una operación de la Guardia Civil contra ETA, en la que el demandante Francisco Lisazo Azconobieta fue detenido junto con Francisco Ramón Uribe Navarra. Tres días más tarde en una rueda de prensa ante diversos medios de comunicación, el gobernador civil de Guipúzcoa consideró al demandante miembro del comando Kirruli de ETA, responsable de tres atentados. La rueda de prensa tuvo lugar sin que el gobernador poseyese toda la información. Unas horas más tarde, el otro detenido declaró que Lisazo Azconobieta no formaba parte del comando Kirruli. Como consecuencia de estos hechos el TEDH, estima la demanda en la que se considera que se ha producido una vulneración del principio de presunción de inocencia reconocido en el art. 6.2 del CEDH. El Tribunal destaca que:

> «Si bien el principio de la presunción de inocencia consagrado en el párrafo 2 del artículo 6 figura entre los elementos del proceso penal equitativo exigido en el párrafo 1 de la misma disposición, no se limita a una simple garantía procesal en materia penal. Su alcance es más amplio y exige que ningún representante del Estado o de la autoridad pública declare que una persona es culpable de una infraccionantes de que su culpabilidad haya sido establecida por un tribunal Además, el Tribunal precisa que una violación de la presunción de inocencia puede emanar no sólo de un Juez o de un tribunal sino también de otros agentes del Estado y personalidades públicas».

Sigue diciendo el TEDH:

> «El artículo 6 .2 no impediría, al amparo del artículo 10 del Convenio, que las autoridades públicas informen al público sobre las investigaciones penales en curso, pero requiere que lo hagan con toda la discreción y la reserva que impone el principio de la presunción de inocencia».

En consecuencia, el Tribunal concluye que:

> «Las declaraciones del Gobernador civil, en la medida en que reflejan una apreciación previa de los cargos que pueden ser imputados al demandante y proporcionan a la prensa la identificación

de este último, no se concilian con el respeto a la presunción de inocencia. La rueda de prensa así realizada, de una parte, incitaba al público a creer en la culpabilidad del demandante y, de otra, prejuzgaba de la apreciación de los hechos por los jueces competentes.

Por tanto ha habido un ataque al principio de presunción de inocencia del art. 6.2 del Convenio».

III. Derecho a un proceso público sin dilaciones indebidas

El derecho fundamental a la tutela judicial efectiva y a un proceso con todas las garantías consagrado en el art. 24.1 de la CE, está integrado por el derecho a un proceso sin dilaciones indebidas.

El Tribunal Constitucional se ha pronunciado en múltiples ocasiones, produciendo una consolidada jurisprudencia sobre el derecho a no padecer dilaciones indebidas, cuando estas provienen de causas estructurales sin omisión ni negligencia de los órganos judiciales. El tribunal ha declarado siguiendo lo establecido por el Tribunal Europeo de Derechos Humanos, que si bien las dilaciones indebidas en relación con las actuaciones judiciales o plazos procesales, se puede considerar como un concepto jurídico indeterminado; sin embargo para determinar si se ha producido una vulneración de un derecho fundamental, deberá tenerse en cuenta que no se trata de una mera dilación de los plazos y trámites procesales, o una excesiva duración de las actuaciones judiciales. Sino que habrá que analizar el caso concreto, teniendo en cuenta, la complejidad del asunto; la duración del procedimiento en supuestos similares; el interés y la trascendencia a todos los niveles, que para el demandante conlleva la tramitación y la resolución del asunto litigioso, como puede ser el de obtener, una resolución judicial que determine si era ajustada a Derecho la expulsión contra él acordada; su conducta procesal adecuada (que no haya propiciado la demora), y las de las autoridades judiciales que intervienen en el procedimiento, entre otras.

— En este sentido destacar la **Sentencia de Pleno del Tribunal Constitucional, Sentencia 54/2014, de 10 de abril de 2014. Recurso de amparo 4107-2009.** Promovido por don Moufite Fall.

En el recurso se denuncia por el recurrente, que se encontraba en situación irregular en territorio español al carecer de documentación legal, **frente al cual se había dictado** un decreto de expulsión por permanencia ilegal en territorio español, el período excesivo de espera de tres años para el acto de la vista en el Juzgado de lo Contencioso-Administrativo de Madrid. El juzgado fundamentó este excesivo periodo de tiempo de espera, entre el momento en que se dictó la providencia de señalamiento de la vista y la fecha fijada para tal acto procesal, debido a causas estructurales y a la excesiva carga de trabajo que pesaba sobre el órgano judicial. Y en este sentido, el Juzgado reconoce en el auto resolutorio del recurso de suplicación frente a la providencia que fija el señalamiento que:

> «*Basta hacer referencia al incremento que se ha producido en el número de asuntos repartidos por Juzgado, para que el recurso planteado por la parte recurrente no pueda ser atendido al efectuarse los señalamientos por riguroso turno de antigüedad, tratándose de una situación bien conocida por el Consejo General del Poder Judicial, el Ministerio de Justicia y la Consejería de Justicia de la comunidad de Madrid, a quienes corresponde crear y presupuestar los órganos que entienda necesarios*

para dar adecuada respuesta a la celeridad que la sociedad demanda en la resolución de los asuntos, no pudiendo este órgano judicial resolver un problema estructural no de su competencia».

El Tribunal Constitucional se ha pronunciado de forma reiterada que:

«Los retrasos en la demora del procedimiento debidos a causas organizativas o estructurales de los órganos judiciales, si bien excluye la responsabilidad de las personas que trabajan en los mismos, no altera en cambio el carácter injustificado del retraso».

Y es obligación del Estado, en una sociedad democrática, de proveer a los órganos judiciales de medios materiales y personales suficientes para que los jueces ejerzan su función jurisdiccional de forma correcta y rápida garantizando los derechos fundamentales de los justiciables.

El TC y en relación con la sentencia referenciada establece:

«.../...En cuanto a los márgenes ordinarios de demora, que .../...en supuestos en que entre la fecha de interposición de la demanda ante la jurisdicción ordinaria y la fecha del señalamiento para vista, habían mediado los siguientes plazos: dos años y seis meses (STC 54/2014, de 10 de abril), dos años y tres meses (STC 99/2014, de 23 de junio), un año y once meses (STC 129/2016, de 18 de julio), un año y seis meses (STC 142/2010, de 21 de diciembre) y un año y tres meses (STC 89/2016 de 9 de mayo); y (ii) que el hecho de que la demora denunciada se deba a motivos estructurales, no imputables directamente al órgano judicial, no impide apreciar

la vulneración del derecho del recurrente a un proceso sin dilaciones indebidas, pues esta situación no altera su naturaleza injustificada, en tanto que el ciudadano es ajeno a esas circunstancias (STC 125/2022, de 10 de octubre, FJ 3)».

Por último, el TC concluye declarando que se ha vulnerado el derecho fundamental a un proceso sin dilaciones indebidas del recurrente (art. 24.2), estimando el recurso de amparo, pero sin pronunciarse en otro sentido pretendido pro el recurrente, habida cuenta que el procedimiento contencioso denunciado ya había concluido con sentencia.

— Igualmente, en la **STS (Sección 1.ª) de 4 de noviembre de 2024, rec.2833/2023 (ECLI:ES:TC:2024:135)**, se pronuncia en idéntico sentido sobre la existencia de una vulneración al derecho fundamental a un proceso público sin dilaciones indebidas del art. 24.1 de la CE.

En concreto se había denunciado el transcurso de más de tres años y medio, desde la providencia de admisión a trámite de la demanda laboral relativa a la denegación de la prestación de renta activa de inserción que, precisamente, está destinada a colectivos con especial dificultad de inserción en el mercado laboral. Concluye la recurrente solicitando además de la declaración por el Tribunal Constitucional de la demanda la nulidad de todas las resoluciones impugnadas y el reconocimiento del carácter lesivo para sus derechos del señalamiento del juicio con una demora de más de tres años para el día 22 de octubre de 2025, así como para los derechos fundamentales a un proceso sin dilaciones indebidas y a la tutela judicial efectiva; el restablecimiento en la integridad de sus derecho con la adopción de las medidas apropiadas, en su caso, para su conservación. En concreto pide que sea el propio Tribunal Constitucional el que acuerde que el Juzgado de lo Social competente proceda de nuevo a fijar una nueva fecha de señalamiento para el acto del judicio que resulte respetuosa con los derechos del recurrente. Y el TC manifiesta que:

> «*La supuesta vulneración no se habría producido tampoco porque el órgano judicial se haya demorado al proceder a señalar la fecha de la vista, sino porque, como ha quedado expuesto, entre el momento en que se dictó la providencia de señalamiento y la fecha fijada para tal acto procesal media un periodo excesivo de tiempo, habiendo tomado el Juzgado de lo Contencioso-Administrativo esta decisión debido a causas estructurales y a la excesiva carga de trabajo que pesa sobre el órgano judicial.*
>
> *el hecho de que la presente demora se deba a motivos estructurales, no imputables directamente al órgano judicial, no impide que no se pueda apreciar la vulneración del derecho del recurrente a un proceso sin dilaciones indebidas, pues esta situación, por sí misma, no altera la naturaleza injustificada de dichas dilaciones, según reiterada jurisprudencia de este Tribunal y del Tribunal Europeo de Derechos Humanos, pues el ciudadano es ajeno a estas circunstancias».*

IV. Prohibición de la mediación penal y las prácticas restaurativas en los casos de violencia de género y delitos sexuales

De acuerdo con lo establecido en el art. 89 de la LOPJ (antes art. 87ter de la LOPJ), se prohíbe la utilización de todos los medios adecuados de solución de controversias para los casos de violencia de género y delitos sexuales. Se incluye por tanto no sólo la utilización de la mediación sino todas las prácticas de justicia restaurativa.

— La **STJUE (Sala Cuarta) de 15 de septiembre de 2011, asuntos acumulados C483/09 y C1/10,** Procesos penales contra Magatte Gueye y Valentín Salmerón Sánchez, ECLI:EU:C:2011:583.

En la citada resolución el TJUE resolvió la cuestión prejudicial planteada por la Audiencia Provincial de Tarragona al amparo del art. 35 de la UE mediante Auto de 15 de septiembre de 2009. En el auto se planteó si el legislador español utilizó criterios objetivos para excluir la mediación penal en los delitos de violencia de género y delitos sexuales, conforme a la previsión establecida en el artículo 10 apartado 1 de la Decisión Marco, permitiendo a los Estados miembros, en atención a la tipología específica de las infracciones cometidas en el ámbito familiar, excluir la mediación en todos los procesos penales relativos a tales infracciones.

El Tribunal de Justicia de la Unión Europea, resuelve en Sentencia de 15 de septiembre de 2011 en el proceso penal contra Magatte Gueye y Valentín Salmerón, en el sentido de:

> *«El artículo 34 UE, apartado 2, deja en manos de las autoridades nacionales la determinación de la forma y de los medios necesarios para alcanzar el resultado que persiguen las decisiones marco, el artículo 10, apartado 1, de la Decisión marco se limita a ordenar a los Estados miembros que procuren impulsar la mediación para las infracciones que "a su juicio se presten a este tipo de medida", de manera que corresponde a los Estados miembros la determinación de las infracciones para las que se permite la mediación (véase la sentencia de 21 de octubre de 2010, Eredics y Sápi, C205/09, Rec. p. I0000, apartado 37)».*
>
> *Concluyendo:*
> *«Existe un amplio margen para la consecución*

de sus objetivos, entre los que se encuentra, la decisión de exclusión de la mediación en determinados delitos, atendiendo a razones de política penal, concluyendo que no hay razones que determinen que la exclusión del entonces art. 87 de la LOPJ, no esté amparada en criterios objetivos».

— **STS (Sala de lo Penal, sección 1.ª) de 5 de febrero de 2025**, rec.5252/2022(ECLI:ES:TS:2025:492).

En ella el Tribunal Supremo declara que no procede la utilización de las prácticas restaurativas al tratarse de un delito de violencia sexual y al encontrase excluido de conformidad con lo dispuesto en el antiguo art. 87 ter de la LOPJ, sin perjuicio que el acusado pudiese haber acudido a la vía de la conformidad penal en la fase del enjuiciamiento, pero no en la vía del recurso.

En esta sentencia se condenó por un delito de agresión sexual del art. 178.1 del CP antiguo delito de abuso sexual del art. 181 del CP a la pena de prisión de un año, conforma a la legislación anterior a la LO10/2022. El acusado fue condenado por un delito de agresión sexual, del art. 178.1, antiguo abusos sexuales del art. 181 del CP, cometido en el año 2020, cuando estando ingresado en un centro hospitalario se aprovechó del tratamiento sanitario que le estaba dando una enfermera para «*con ánimo de satisfacer sus deseos sexuales, le efectuó tocamientos en el lado izquierdo de las nalgas*». En este sentido se declaró probado que:

«*Los citados hechos no solamente constituyen un exceso en la acción desplegada por el recurrente, sino que integran un delito que en la actualidad es una agresión sexual, y en su momento un abuso sexual, ya que ninguna mujer tiene la carga o servidumbre de soportar el deseo de un hombre de realizar actos de tocamientos sexuales, por míni-*

mo que sea, en partes sexuales de la víctima. Y ello, no integra, como en otras épocas se ha entendido, una mera coacción o vejación de carácter leve, sino que constituye un auténtico acto de agresión sexual a la mujer. Y mucho más en este caso que supone un ataque a una profesional sanitaria que, al acercarse al llevar a cabo sus actuaciones de ayuda médica a un paciente en un centro hospitalario, se aprovecha el recurrente de ese acercamiento para llevar actos de contenido sexual, lo que no solamente supone un exceso físico, sino, también, un ilícito penal tipificado en el Código Penal como agresión sexual en la actualidad y en su momento como abuso sexual.

En consecuencia, las mujeres, y en este caso las profesionales de los centros sanitarios, no tienen la obligación de soportar ningún tipo de exceso por parte de los pacientes que son ingresados en un centro hospitalario, y que cuando integran un ataque a partes de contenido sexual de las víctimas constituyen un delito de agresión sexual».

Sigue diciendo el Tribunal Supremo, haciendo referencia a la STS, (Sala de lo Penal) de 21 *Jun. 2023, Rec. 3719/2022, fundamentando de este modo la condena por un delito de agresión sexual:*

«Cualquier acción que implique un contacto corporal inconsentido con significación sexual, en la que concurra el ánimo tendencial ya aludido, implica un ataque a la libertad sexual de la persona que lo sufre y, como tal, ha de ser constitutivo de un delito de abuso sexual previsto y penado en el artículo 181 CP; sin perjuicio de que la mayor o menor gravedad de dicha acción tenga reflejo en la individualización de la pena. La conclusión a la que llega la sentencia es que el tocamiento momentá-

neo inconsentido con significación sexual es constitutivo de un delito de abuso sexual (Sentencia del Tribunal Supremo 396/2018 de 26 Jul. 2018) Las nalgas es zona sexual de la mujer y un tocamiento inconsentido en esa zona constituye en la actualidad agresión sexual del art. 178.1 CP».

Pretende el acusado la imposición del nuevo subtipo atenuado del art. 178.4 de la LO10/2022, que establece la posibilidad de imponer una pena de prisión de un año, conforme a la nueva regulación de los delitos contra la libertad sexual contemplada en la L.O. 10/2022. Sin embargo, el Tribunal considera que no ha lugar, ya que se le impuso la pena mínima de 1 año de prisión, sin que proceda aplicarle la pena alternativa de multa propuesta, porque estando prevista en el anterior art. 181.1 del CP, el Tribunal no la consideró adecuada.

En la Sentencia se establece la posibilidad que otorga la LOMESPJ de aplicar las medidas de justicia restaurativa, a fin de poner en marcha la mediación intrajudicial derivada por el juez o por las partes, y conseguir un mayor grado de reparación de la víctima en el proceso penal mediante el perdón del ofendido, el arrepentimiento, compromiso de no reiteración en su conducta reprochable social y penalmente, la consignación para pago de la responsabilidad civil y la aceptación y expreso reconocimiento de la ilicitud penal[165]. Así como también la posibilidad de alcanzar la conformidad penal donde es posible el acuerdo entre la defensa y la más grave de las acusaciones, lo que implica como dice la sentencia *«en una mayor agilización en el sistema de justicia».*

---

165 De acuerdo con lo establecido en el art. 15 del EV.

La justicia restaurativa,

> «*Tiene su origen en el derecho anglosajón, donde las cifras de la justicia penal que llega al enjuiciamiento queda muy reducida por la optimización de la mediación penal y tiene su base en lo que los anglosajones denominan una filosofía que tiene como objetivo reparar el daño de las víctimas. Al hacerlo, los profesionales trabajan para garantizar que los delincuentes asuman la responsabilidad de sus acciones, para comprender el daño que han causado, para darles la oportunidad de redimirse y para disuadirlos de causar más daño. Para las víctimas, el objetivo es darles un papel activo en el proceso, y reducir los sentimientos de ansiedad e impotencia*».

Concluye el tribunal que, aun cuando en el presente supuesto no cabe la justicia restaurativa[166], se podría haber acudir en casos similares a la conformidad penal, con aplicación de penas alternativas o subtipos atenuados en la fase de enjuiciamiento[167], pero:

> «*No en fase de recurso cuando el tribunal ya había impuesto la pena privativa de libertad en base*

---

166 La Prohibición de la mediación penal y las prácticas de justicia restaurativa está prevista en el art. 44 de LO 1/2004 y el art. 89.7 de la LOPJ en los delitos competencia de las secciones de violencia sobre la mujer de los tribunales de instancia, violencia de género y delitos sexuales (art. 89.5 h) conocen de la instrucción de los procesos para exigir responsabilidad penal por los delitos contra la libertad sexual del Título VIII del libro II del CP.

167 Queda suprimido con el art. 20 de la LOMESPJ el límite penológico de seis años, para alcanzar la conformidad penal, que podrá alcanzarse en el trámite de la audiencia previa del art. 785 de la LECRIM sin necesidad de celebrar el juicio oral, tanto en el procedimiento abreviado como en el juicio oral.

a la gravedad de un hecho que en este caso supone un ataque a la libertad sexual de la víctima y en unas condiciones de trabajo de una profesional de la enfermería que está atendiendo a un paciente, situación de la que se aprovecha para perpetrar el ataque a la libertad sexual de la víctima».

V. La conformidad intrajudicial en el ámbito penal

Tras las últimas reformas en materia de la LECRIM ya hemos mencionado la posibilidad de que se dicte sentencia de conformidad con el escrito de acusación que contenga la pena más grave, de conformidad con el fiscal; lo que en muchos casos permite la suspensión de la ejecución de la pena de prisión y con ello el ingreso en prisión del acusado.

— En esta línea destacaremos la reciente **Sentencia de la Audiencia Nacional, Sala de lo Penal, caso «Nummaria», de 4 de julio de 2025, ECLI:ES:AN:2025:2768**, siendo ponente el Magistrado D. Joaquín Delgado Martin.

En la misma se declara probado que unos de los acusados-condenado, el contable, Sr. Peña del despacho Nummaria, diseñó una serie de entramados y estructuras fiscales a fin de evitar la tributación de capitales en España. En la Sentencia se declara probado como entre los años 2010 y 2016, se desarrolló una actividad fiscal encubierta fuera de España fin de evitar que fuera descubierta, sobre todo en Costa Rica, Reino Unido, Luxemburgo o Uruguay entre otras. Peña fue condenado a la pena de prisión de ochenta años por delito fiscal y estafa entre otros.

En relación con el actor Imanol Arias, prestó conformidad, reconociendo en el acto del juicio oral la comisión de cinco delitos fiscales contra la Hacienda Pública referidos al impuesto sobre la renta de las personas físicas, correspondientes a los años 2010 a 2014. En la citada sentencia se declara que el acusado, tenía una auténtica intención de ocultar y engañar las rentas generadas como actor reconocido, habiendo acudido incluso a la renta vitalicia. En la misma sentencia se indica que:

> «Concurre una simulación entendida como disconformidad entre la realidad negocial (renta vitalicia y cesión de derechos a sociedades) y la auténtica voluntad de las partes (retribución de los trabajos como actor), utilizando al efecto un entramado societario cuya intervención en las operaciones no aporta ningún valor efectivo, con la finalidad de ocultar a la Agencia Tributaria que se trata de percepciones económicas por trabajos profesionales del Sr. Luis Ángel (que han de tributar por rentas del trabajo IRPF, y no como percepciones económicas de sociedades ni como renta vitalicia)».

Continua la sentencia de conformidad con lo acordado por L.A que los hechos son constitutivos de cinco delitos fiscales del art. 305 del CP y 305 bis, en relación con la renta de las personas físicas correspondientes a los años 2010 a2014. Reconociendo al menos a través de la institución de la conformidad, su comisión por dolo eventual. Se impone en consecuencia a la L.A como autor de los delitos reconocidos y de conformidad por la acusación y la defensa, las siguientes penas:

> «Por el delito relativo al IRPF del año 2010 la pena de 1 año de prisión, inhabilitación para el ejercicio de derecho de sufragio pasivo por el mismo tiempo y pérdida de la posibilidad de obtener sub-

venciones o ayudas públicas y del derecho a gozar de beneficios incentivos fiscales o de la Seguridad Social por 3 años, y multa del tanto de la cantidad defraudada, con 2 meses de responsabilidad personal subsidiaria en caso de impago conforme al art. 53.2 CP.

Por el delito relativo al IRPF del año 2011 la pena de 1 año de prisión, inhabilitación para el ejercicio de derecho de sufragio pasivo por el mismo tiempo y pérdida de la posibilidad de obtener subvenciones o ayudas públicas y del derecho a gozar de beneficios incentivos fiscales o de la Seguridad Social por 3 años, y multa del tanto de la cantidad defraudada, con 2 meses de responsabilidad personal subsidiaria en caso de impago conforme al art. 53.2 CP.

Por el delito relativo al IRPF del año 2012 la pena de 2 años de prisión, inhabilitación para el ejercicio de derecho de sufragio pasivo por el mismo tiempo y pérdida de la posibilidad de obtener subvenciones o ayudas públicas y del derecho a gozar de beneficios o incentivos fiscales o de la Seguridad Social por cuatro años y multa del doble de la cantidad defraudada, con 15 días de responsabilidad personal subsidiaria en caso de impago de 4 meses.

Por el delito relativo al IRPF del año 2013 la pena de 2 años de prisión, inhabilitación para el ejercicio de derecho de sufragio pasivo por el mismo tiempo y pérdida de la posibilidad de obtener subvenciones o ayudas públicas y del derecho a gozar de beneficios o incentivos fiscales o de la Seguridad Social por cuatro años y multa del doble de la cantidad defraudada, con 15 días de responsabilidad personal subsidiaria en caso de impago de 4 meses.

Por el delito relativo al IRPF del año 2014 la pena de 2 años de prisión, inhabilitación para el *ejercicio de derecho de sufragio pasivo por el mismo tiempo y pérdida de la posibilidad de obtener subvenciones o ayudas públicas y del derecho a gozar de beneficios o incentivos fiscales o de la Seguridad Social por cuatro años y multa del doble de la cantidad defraudada, con 15 días de responsabilidad personal subsidiaria en caso de impago de 4 meses.*

Además se establece que deberá indemnizar solidariamente junto con otro de los acusados, a la Hacienda Pública, unas cantidades en concepto de responsabilidad civil».

En relación con el pago de las responsabilidades civiles, el actor, ya las había satisfecho, a efectos de acordar la suspensión de la ejecución de la pena de prisión prevista en el art. 80 del CP.

Destacar igualmente del contenido de la sentencia, que se le absuelve a él y todos los restantes acusados del delito de organización criminal, declarando de oficio el pago de las costas derivadas de las acciones ejercitadas en relación con el citado delito.